他很幸福，你卻只會羨慕

哲學家用十二堂課，告訴你原來幸福是可以練

章含　羅芬芬　著

不幸的人生各有不同，幸福的人生卻大抵相似。

世界上有三種不幸福：
一是你得不到，所以不幸福；
二是你付出了許多代價，得到了卻發現不過如此；
三是你輕易放棄了，後來才發現它是如此的重要。
你也曾經因為看見別人充實美好的生活，忍不住
心生羨慕，並懷疑自己：「我難道沒有幸福的資格嗎？」

崧燁文化

目錄

目錄

第十一章

前言

不知道從何時開始，幸福開始成為了人們關注的話題。關注幸福，說明大家都渴望幸福；渴望幸福，說明大家生活的還不是很幸福。

生活中，有時會聽到別人說：某某人是有福之人，某某人很有福氣。為什麼偏偏我們會把幸福與不幸福看得如此重要呢？這恐怕與我們所處的這個時代背景有很大的關係。隨著經濟發展和商品豐富，每個人都可以享受物質生活的多彩多姿；在經濟發展的同時也帶來了諸多的負面效應，如環境汙染、金錢至上、貧富差距等等。

我們所面臨的是這樣的一個現實，許多國家都有這樣的情況：成千上萬的人口離鄉背井，湧入城市謀生，而由於種種限制，他們和子女天各一方，聚少離多；學歷價值下降，每年都有許多年輕人為找不到理想的工作而煩惱；飆漲的房價使得許多房奴緊繃神經，縮衣節食，努力工作，不敢有絲毫懈怠，而他們身後，還有數不清的對他們充滿羨慕、想做房奴而不得的人。就個人方面而言，一個小學生會說：自己的書包太重、補習班和才藝班太多，玩的時間太少；一個大學生會說，上了大學又能怎麼樣，沒有錢還不是白搭，這個社會評價人的標準是看你錢多少；一位母親會說，孩子上大學繳好幾萬，將來娶老婆嫁女兒又要砸一筆；一位白領會說，除去還房貸，每個月生活費就那麼一點點了，還是省著點花吧！

以上羅列的種種現實，都可以成為我們這個時代不幸福的理由，也許有人會說，難道古人和已開發國家的人就沒有這些煩惱嗎？肯定也有，人只要生活在這個世上，就會有煩惱，只是煩惱的原因和程度不同罷了！大作家列夫．托爾斯泰說過：「幸福的家庭總是相似，不幸的家庭卻各自不幸。」而每個人都會從自己的原點出發，去渴望幸福、追求幸福。

本書意在透過哲學家的眼光去審視幸福。或許還有人質疑：「哲學家是最不幸福的一個群體，怎麼還跟他們談幸福？」這話雖然偏頗，卻也不無道理。哲學家們之所以不幸福，源於他們的哲學思維和對問題透徹的領悟，而現實又不能如所願，造成許多哲學家的學說在其生前被束之高閣，死後又被人們奉為經典。哲學家前瞻性的眼光對自己來說無疑是一種煎熬，而對整個人類來說，卻意味著人類文明前行的燈塔。所以，跟哲學家談幸福，是要我們透過哲學家深邃的目光把幸福看得更為透徹，並透過幸福來審視作為一個人的終極意義。

羅丹說過：「生活並不缺少美，只是缺少發現。」幸福也是這樣，它一直在我們的身邊，只是沒有發現，或許我們缺乏的就是一雙發現幸福的眼睛。

很多人說幸福是要爭取的，但當幸福就在身邊的時候，你會珍惜嗎？幸福不會等同於權勢、金錢、地位、高學歷等外在條件，也不是一種內在感覺。感覺相對於個人而言，是外界對視覺的一種或多種衝擊所形成的一種感受，但幸福卻是自內而外散發的感受；相對於萬事萬物而言，幸福除了精神上的充實感，更與物質相關聯，這是感覺所不能及的。

昨天的幸福已經遠去，今天的幸福則是可以把握。

所以懂得幸福的人，都是懂得人生大智慧的人。要追求幸福，就要克服自己身上的許多弱點，端正心態，不急功近利，不比較浮躁，感恩身邊的朋友、感恩你的家人、感恩生活、感恩生命。

第一章

禍莫大於不知足；咎莫大於欲得。故知足之足，常足矣！

——老子

（譯文：天下最大的禍患莫過於不知足，最大的罪過莫過於貪得無厭。不知道珍惜現有的，過度的追逐名利，勢必招來災禍和不幸。知道滿足的富足平衡心理，是永遠的富足。）

（古代哲學家、思想家，道家學派創始人，著有《道德經》，其學說對思想文化產生了深遠的影響。）

心態簡單，生活就簡單

生活本來是很簡單的，簡單應該成為我們生活的準則。在人生道路上，奉行簡單的準則，能使我們避免誤入歧途，陷入人生的黑洞。

要使事物變得複雜很容易，但若想將一件事變得有條不紊，就需要點智慧了。一個是把複雜的問題看得很簡單，另一個是把簡單的問題看得很複雜，誰更聰明？二者都不聰明，因為簡單的問題就應該看得簡單，複雜的問題就應該看得複雜。

有的人會把自己看得最重要，但事實卻並非如此。在這個世界上，除了最關愛你的人，很少有人會十分在乎你，因為每個人的時間和精力都很有限，能落實到你身上的「在乎」可以說是少之又少，甚至可能完全沒有。有時候，別人的一個臉色，並不意味著你怎麼樣了，而是他自己的原因，如果你把問題想複雜了，不僅會傷到自己，還會給對方增添麻煩。不僅如此，人們也很容易在意眼前的小事，而常常忽視最重要的事情，這種平時太在乎小事而忽視大事、只盯著腳下的人，遲早會碰壁。

有時只是普通的男女同學交往，卻會讓有些人魂不守舍、想入非非，最終卻被證明是一廂情願，不僅自己受到打擊，兩人關係也可能會受到影響；有時，明明只是朋友間的嘔氣，有人卻把它升級為冷戰，既失去了一個支持者，也失去了一個心靈的港灣。歸根結柢，還是太自我了，或者說是太在意自己了。放下自我吧！看淡眼前的事情，用一顆簡單的心去過一種簡單的生活。

簡單生活並不是貧窮的生活，從某種意義來講，富有的人更有條件過簡單的生活，並且可以更有品質，只是在物欲橫流的社會中，很多富人不願意這樣過罷了。簡單的生活不是讓人無欲無望、心如死水，而是獲得一種生命的體驗，這種體驗可以在很多方面展現，比如初戀、失戀、結婚、離婚、就業、失業等，體驗這些和一個人的財富並沒有太直接的關係。

從前，有個漁夫，他每天只打一條魚，那條魚剛好可以換他一天的食物、水和菸。然後他就躺在沙灘上晒太陽，望著藍天白雲抽菸，悠閒自在。後來來了一個商人，對他說：

「老兄，我覺得你應該打更多的魚，然後把牠們賣掉，等存夠一定數量的錢後就買一艘船，再開著船到處做買賣……」

「然後呢？」那人問商人。

「然後就能賺很多很多錢，就可以每天到海邊晒太陽……」

「可是我現在不正在晒太陽嗎？」漁夫回答說，「更重要的是等我做到了那些事，賺到了足夠的錢，也許我已經沒有時間來晒太陽了……」

由此可見，世界上沒有複雜的事情，只有複雜的心靈和黑洞般沒有邊際不知深淺的欲望。就像一棵樹，細看來是許多的葉，再看是無數的枝，用顯微鏡看，是數不清的細胞——但其實，它只是一棵樹而已。簡單是一種積極、樂觀、向上的生活態度。對就對了，錯就錯了；愛就愛了，恨就恨了；笑就笑了，哭就哭了。哪有那麼多麻煩、計較和周折，又哪容你翻來覆去、隨意更改。生命太短暫，一生不過短短幾十年，哪經得起這麼多無謂的折磨？

簡單生活就是要學會捨棄，這也想要那也想要，到頭來還是發現自己的欲望沒有滿足。我們的雙肩載不動那麼多的金錢、名譽、地位、情感、哀愁和怨恨。輕輕鬆鬆上路，多一些時間來看花開花謝、多一些時間來關照日升日落，多一些時間來走向你心中的遠方。簡單是一種速度，丟開一切束縛我們心靈和思維的桎梏，更不要讓世俗的網路無形中把你拉扯得身心俱疲，憔悴不堪。以一種快刀斬亂麻的方式，乾脆俐落的去做吧！

你一旦奉行了簡單的準則，就會擺脫心靈受到的汙染，擺脫使你的生活變得錯綜複雜的惱怒。簡單還意味著每次只確立一個目標，意味著你從此不再怨天尤人，意味著去做一切你力所能及的事。一旦人能夠簡單對待人世，生命的能量就會放鬆和彙集，人就會進入一種充滿生機的寧靜中，這種寧靜使人精力充沛，能屈能伸，既不驕傲也不虛榮，不受悲哀和妒忌等情緒的折磨，而只是平靜生活著，在他身上有著健康的競爭意識、雄心、榮譽感，甚至會有一絲無公害的驕傲和適度的虛榮，這一切喚醒了人的潛能，凝聚了人的渴望，牽引著一個平凡的人走向不平凡的人生。

所以，讓生活簡單起來吧。多一份舒暢，少一份焦慮；多一份真實，少一份虛假；多一份快樂，少一份悲苦，這就是簡單生活所追求的目標。外界生活的簡樸將帶給我們內心世界的豐富，我們將發現新生活在面前敞開，我們將變得更敏銳，能真正深入、透徹的體驗和理解自己的生活，我們將為每一次日出和草木無聲的生長而欣喜不已，我們將重新向自己喜愛的人們敞開心扉，表現真實自然，熱情的置身於家人、朋友之中，彼此關心，分享喜悅，真誠以對。那時，我們將發現人們之間的疏遠，因隔閡而不能相互溝通，不過是匆忙、疲憊造成的假象。只有當我們輕鬆下來，開始悠閒的生活，才能體驗親密和諧，友愛無間。我們將不是在生活的表面遊蕩不定，而是深入聆聽生活本質的呼喚。

欲望越小，生活越好

「欲望是指想得到某種東西或達到某種目的的要求。」這是字典給出的解釋，按照這一解釋，可以說每個人一生下來就有欲望，並伴我們終身。原始的欲望是正常的，是生命中最有活力的部分，也是一個人成長的動力，進取的源泉；但欲望同我們生活中的其他事物一樣，也有好與壞的區分，有度的限制。欲望可以使人為所愛的事業上下求索，乃至奉獻自己的青春和生命；也可以使人變得瘋狂，使人忘乎所以，甚至顛倒人生。

欲望有很多種，情欲、愛欲、性慾、金錢欲等等。每個人都有欲望，欲望適度，能夠催人奮進，激發潛能，產生促進成長進步的正面效應；欲望無度，則會成為心中的惡魔，使人貪得無厭，利慾薰心，甚至被欲望的迷霧遮住雙眼，迷失人生的方向。正如哲學家叔本華所言：「財富就像海水，飲得越多，渴得越厲害；名望實際上也是如此。」只有在欲望的「魚鉤」面前保持理智，把好欲望關口，才能保持本色，防止摔跤。欲望和欲望對象之間，有一種互相強化的關係，尤其是在欲望沒有得到滿足前更是如此。所以，隔絕欲望和欲望對象，便有助於將欲望維持在一定的「度」中。一個無法抑制自己欲望的人，會因為缺乏自制力而難以在事業上取得成功。而那些懂得克制自己欲望的人，常常能得到成功的眷顧。

春秋五霸之一的楚莊王，就是一個能主動隔絕欲望對象的典型例子。

有一次，楚國令尹（古代的一種官職）子佩請楚莊王赴宴，他爽快答應了。子佩在京台將宴會準備就緒，就是不見楚莊王駕臨。第二天子佩拜見楚莊王，詢問不來赴宴的原因。楚莊王對他說：「我聽說你在京台擺下盛宴。京台這地方，向南可以看見料山，腳下正對著方皇之水，左面是長江，右邊是淮河，到了那裡，人會快活得忘記了死的痛苦。像我這樣德性淺薄的人，難以承受如此的快樂。我怕自己會沉迷於此，流連忘返，耽誤治理國家的大事，所以改變初衷，決定不去赴宴了。」楚莊王不去京台赴宴，是為了克制自己享樂的欲望。由於楚莊王能注意與欲望對象保持一定距離，所以他才能在登基後，「三年不鳴，一鳴驚人；三年不飛，一飛沖天」，成為一個治國有方的君王。

現代社會中，充斥著太多的誘惑——金錢、美色、權力等等，沉溺於任何誘惑之中不能自拔，都會為此付出慘重的代價。哲學家柏林說過：「越是自由的地方，節制越加可貴；否則自由會成為自由的屠夫。」古書《禮記》中載：「人有「六欲」。六欲者，生、死、耳、目、口、鼻也！」人要生存，生怕死亡，要活得有滋有味，有聲有色，於是嘴要吃，舌要嘗，眼要觀，耳要聽，鼻要聞，這種人在生理上的需求和欲望，就是「六欲」。人的「六欲」是本能的欲望，與生俱來。人生有欲，是為了生命，但凡事都應該有個度，「欲」也不例外。「欲」超過了度，就會成為生命的負累，會使人墮落，會使人喪失天性，走上萬劫不復的道路。因此，人在面對種種欲望的誘惑時，要學會控制自己的欲望。要學會控制自己的欲望，不妨從以下五個方面去嘗試：

第一，欲不逾矩，欲不損德。人是欲望的產物，生命是欲望的延續。渴望物質上的富足，追求事業上的成功，謀求仕途上的發展，爭取人生中的精彩，這都是正當的欲望，人也正是在追求實現這些欲望的過程中不斷完善自我，提升自我的。但前提條件是，欲不逾矩，欲不損德，欲望要受道德的約束，法律的束縛，不能隨心所欲，為所欲為。

第二，清心寡欲，給心靈鬆綁。人只要活著，就有欲望，欲望就像空氣無時不與我們同在。襁褓中的嬰兒有吃奶的欲望，坐在課堂裡的學生有讀書的欲望，出入徵才活動的大學生有求職的欲望，田裡勞作的農民有豐收的欲望，小商小販有賺錢的欲望，公務員有升官的欲望……隨著年齡的成長，經驗的沉澱，環境的改變，生活的磨礪，命運的轉變，欲望越來越多，越來越高，塞滿了頭腦，裝滿了心胸，我們像個陀螺轉個不停，又像負重的騾馬賣命的前行，我們感到累，感到苦，感到活著的艱難。其實，這一切都是因為我們的欲望太多造成的，我們可以不這樣活著，可以活得輕鬆愉快——放棄心中的雜念私欲，清心寡欲，給心靈鬆綁。

第三，節制欲望，知足常樂。人活一次是為了什麼?有人說只為一個字，「欲」。人生有欲，欲壑難平，這是不爭的事實，但人活著的目的首先應是為了活，為了輕鬆愉快的活。如果只為欲活著，人就會成為欲望的奴隸，活得很累，活得很苦，活得很煩，最後在欲望中迷失自己。人不能填平欲壑，但可以節制欲望，知足常樂。如果你身體健康，無任何疾病，就要知足，要享受健康的快樂，就不要奢望時間倒流，讓你回到花樣年華；如果已娶妻生子，生活安穩，就要知足，要享受平凡，就不要盯著人家的錢囊，憤憤不平。懂得知足，節制欲望，就不會墜入欲海之中不能自拔。

第四，分清良莠，優化欲望。人的欲望有良莠之分，正邪之別。探索欲、求知欲、成才欲、奮鬥欲、奉獻欲等，是積極的欲望追求，能給人帶來奮進的動力，使人不斷進步，不斷提升人格；而權力欲、金錢欲、美色欲、霸占欲、毀滅欲等，是消極的欲望追求，給人帶來的是道德的淪喪、人格的墮落，使人走向自我毀滅的道路。面對眾多的欲望，人要擇其善者而從之，其不善者而改之。

第五，記下警句，警示自己。為控制自己的欲望，特別是控制對金錢、權力、美色的占有欲望，可記下一些警句，時時警示自己。如：莎士比亞說：「情欲猶如炭火，必須使它冷卻，否則，那烈火會把心燒焦。」塞．詹森說：「人最重要的價值在於克制自己的本能的衝動。」有諺語說：「淡泊名利，寧靜致遠。」古希臘哲學家畢達哥拉斯說：「不能制約自己的人，不能稱之為自由的人。」只有肉體上的欲望受到限制，心靈上才能謀求更大自由。有所節制才會有真正的自由。現在人把自由多理解為外在束縛的消除。其實那是一種誤解，別把放縱當做自由。克制通常更能輝映出人性的光芒。就像博弈，其結果還是節制，是人性有規則的釋放。有節制的生活，不要讓欲望操控自己，才可能獲得真正的快樂和幸福。

把握當下，才是最重要的

很多人談到自己時，總喜歡談自己的未來將會成就多大事業，未來將會過得如何幸福，把自己生活的賭注都壓在了未來，這樣做的後果會是怎麼樣呢？答案是肯定的：那就是既失去了現在，也失去了未來。根據有關專家指出，人們的多數憂慮源自對將來的考慮，對還沒有發生的事情患得患失，憂心忡忡，甚至於感到一種絕望與挫敗。未來應該去夢想、設計與規劃，但是，如果只是醉心於虛幻的未來，忘記了享受現在，那麼與黃粱美夢又有何異？這裡，並不是說回憶過去或者展望未來有什麼不好，而是說，過於沉醉過去或未來可能會妨礙一個人現在的努力與行動。只有當過去的經驗值得借鑒才需要回憶，只有未來的夢想對現實有意義才值得展望。而活在當下是我們享受快樂人生的祕訣，抓住現在則是我們創造美好將來的途徑。

當下是什麼?當下就是唯一的存在，當下就是唯一的真實。除此之外，我們一無所有。我們的愛情，我們的快樂都只存在於當下。但是人們卻常常容易犯一種錯誤，那就是經常忽視當下，而追求無法回到的昨天和還沒到來的明天。他們要麼沉浸在過往的回憶中，要麼陶醉在未來的幻想中，但就是很少思考過現在。以至於到了最後，對他們來說，真實的東西變成了無足輕重的東西，而虛無的東西卻變得異常真實重要起來。對當下的忽視是大多數人生活悲傷痛苦的關鍵原因。

幸福在哪裡？只在當下。如果我們不能把握當下，又到哪裡去尋找幸福呢？雖然人生不可避免的是一個如海德格所說的「向死而生」的過程，但是不同的人卻可以在這個過程中創造不同的人生。人生的不同之處即在於我們在這個「向死而生」的過程中做了些什麼。真正的幸福人生是活得更多而不是活得更好。多總是呈現出一種直觀性與真實性，而好則更多的是一種相對性。如果我們追求活得更好，那麼可能我們就永遠難以滿足，正所謂「欲壑難填」。因而會總是抱怨當下，覺得人生苦悶，生活空虛。而如果追求活得更多，那麼我們就不會抱怨當下。因為這既無必要，也無時間。無論當下是什麼，快樂或痛苦，我們都能坦然接受。

對於珍視當下的人來說，無論做什麼事情，他們注重的是過程而不是結果。因為過程是當下的，因而也是真實的，而結果則是將來的，因而是未定的。所以如果我們過於注重結果，把自己的心思放在一種並不確定的事物上，那麼我們就極容易患得患失。

佛家常勸世人要「活在當下」。這裡的「當下」簡單的說就是：你現在正在做的事、你現在所在的地方、現在與你一起工作和生活的人。「活在當下」就是要你把關注的焦點集中在當下這些人、事、物上面，全心全意的認真去接納、品味、投入和體驗這一切。每天醒來，都要對自己說：「今天是我餘生的第一天。」在這樣的自我期許之下，每一天都是自己嶄新生命的開始，每一天我們都要用快樂的笑臉去充實它。

一行禪師說過：當我們提起正念喝茶的時候，我們就是在練習回歸當下，以便活在此時此地。當我們的身心完全安住當下時，熱氣騰騰的茶杯便會清晰顯現在我們面前，我們知道，這是一種美妙的存在。這時我們便真正的與這杯茶溝通了。只有在這種情形下，生命才真正的顯現。這正是：茶杯在手中，正念直提起，吾心與吾身，安住此時地。

有位弟子問禪師：「您常常教我們活在當下，那究竟怎麼做才算活在當下呢？」禪師說：「吃飯就是吃飯，睡覺就是睡覺。如此而已。」乍看之下，這麼有智慧的禪師怎麼會說出這樣的大白話呢？其實，越是簡單的越是真理。細細想一想，禪師的教誨，我們真的做到了嗎？我們真的會吃飯、會睡覺嗎？有的人吃飯的時候還在看書看報，還在思考問題，還在討論工作，全然淡化了飯菜的美味；有的家庭把吃飯的時間，當成了相互抱怨批判的時間，丈夫抱怨妻子，妻子抱怨丈夫，父母批判孩子，結果本來其樂融融的一頓飯變成了批鬥會，哪裡還有天倫之樂可言？有的人睡覺的時候還在想著白天發生的事，而且更多的是一些不愉快的事，想著想著咬牙切齒，甚至泣不成聲。這能叫做睡覺嗎？簡直是在受罪，自我蹂躪。吃飯的時候，我們就要專注、盡情的享受飯菜的美味，拋開紛繁複雜的一切事務，感恩上天給了我們健康的身體和胃口。睡覺的時候，也要拋開一切的羈絆與煩惱，盡情的享受大床的舒適與安逸，讓自己進入美麗的夢鄉。

有的人不懂得活在當下，總是愛胡思亂想，到頭來還是竹籃打水一場空。

有位農村小夥子，在樹蔭底下打瞌睡，聽到家裡的母雞下蛋之後的叫聲，趕快跑了過去，往雞窩裡一看，「哇！」這隻老母雞真夠意思，一下子下了兩個蛋。他興奮拿起兩個雞蛋，心想：這兩個蛋不能吃掉，我要用這兩個雞蛋孵出兩隻小雞，小雞長大了可以下很多的雞蛋，雞蛋又可以孵出很多小雞，小雞長大又可以下很多雞蛋，接下來，建立一個養雞場，錢賺得多了，再建立一個肉類加工廠，不到五年，我就會成為遠近聞名的富翁，那個方圓十里最漂亮的阿蘭現在不是不理我嗎？到時候，她想著追我還來不及呢！不行，不能跟阿蘭結婚，我要找全縣城最漂亮的女人結婚，我要住上最大的房子，買最豪華的轎車，到大城市裡享受花天酒地的生活。想著想著，他興奮得手舞足蹈起來。啪嗒！手裡僅有的兩個雞蛋掉在了地上。

很多人總是在幻想自己未來的美好圖景，但卻很少有人能將願望變成行動。這個故事說明了一個道理：「不會活在當下，就會失去當下。」也有的人大多數的時間裡生活在對未來的擔憂甚至是焦慮中。比如：擔心自己會不會失業，擔心未來能不能找到好工作，擔心未來能不能找到一個好伴侶，憂慮未來得了病怎麼辦，憂慮自己的孩子，憂慮自己的父母等等。所有這些擔心、憂慮乃至焦慮，不僅解決不了現實的問題，於事無補，更重要的是這種人失去了現實的行動力。

所以，活在當下就是做好眼前的一切，眼前的每個瞬間，要認真把握當下的每一件事，認真對待你生命中遇到的每一個人，別讓回憶過去和幻想未來占去你當下的時光，不要給自己留下遺憾。記住，當下的時光是生命中最珍貴的時光，值得每個人去好好把握。

看淡生活中不如意的事

俗話說：「人生不如意之事十之八九。」這句話說的很有道理，沒有人可以事事順心，也沒有人可以不勞而獲。無論你的工作是多麼的光鮮亮麗，也總有不如意的時候；無論他的身分多麼高貴，也總有要妥協的時候。生活當中，只要用心就會發現：越是文化水準高的人越是抱怨，越是富足的人越認為自己不幸福。而那些整日笑容不斷的人，反倒很可能是飽嘗了生活艱辛的人。因為他們深知什麼是痛苦，所以對人生對一切都有淡然的態度，於是他們發現，活著的本身就已經是一件值得快樂的事情了。曾聽過這樣一句話：「有些人的臉上有著太多的笑容，是因為他的心中有著太多的淚水。」幸與不幸，其實就在你自己的一念之間，而與是否圓滿沒有必然的關係。但我們也不得不承認，正是追求圓滿和完美，讓我們的人生變成無法承受之重。

國學大師林語堂在《人生不過如此》中這樣寫道：「在不違背天地之道的情況下，成為一個自由而快樂的人。這就好比一台戲，優秀的演員明知其假，但卻能夠比在現實生活中更真實、更自然、更快樂的表達自己、表現自己。人生亦是如此，我們最重要的不是去計較真與偽、得與失、名與利、貴與賤、富與貧，而是如何好好的快樂的度日，並從中發現生活的詩意。從某種程度上說，人生不完美是常態，而圓滿則是非常態，就如同『月圓為少月缺為多』道理是一樣的。如此理解世界和人生，那麼我們就會很快變的通達起來，也逍遙自適多了，苦惱和晦暗也會隨風而去了。」

人生就好像一個圓，沒有人能百分之百的圓滿。但是對於幸福度達到百分之九十九的人，那百分之一的不完美就像一根尖刺，刺得人渾身難過，痛徹心扉。這讓人誤以為，人生就只是為了解決這百分之一的不幸而活，而對所擁有的百分之九十九的幸福視而不見。相反的，只擁有百分之一幸福的人，不知道圓滿是什麼，所以其他百分之九十九長什麼樣子他根本無法想像，他只能看到他所掌握的這一點幸福，百分之一就是他的全部。他會盡一切努力呵護它，他不但不抱怨，而且衷心感謝上蒼，讓他擁有這麼多幸福。但是，等到他的幸福越來越多，多到超過百分之五十時，他的眼光開始停留在那不足的部分了。他不再為了增加幸福而努力，而是為了減少不幸而拼命。於是，越幸福，越痛苦，抱怨越多。這有點像哲人所說的：你占有的知識越多，越感到自己的無知。因為，若用一個圓代表一個人的知識，圓外的地方代表他未知的知識，那麼圓越大，接觸的未知就越多。幸福也是一樣，如果你太過於在乎幸福的量，或者得到過太多的幸福，那麼你對不幸的感知就會越敏感，當然也就覺得幸福減少了。所以，我們應該學會用全心去關注自己所擁有的幸福，擁抱屬於自己的那一個圓。

人生隨緣而定，不必非在完美中苦求。一成不變，永遠不如意是人生的常態，於是許多人感歎自己枯燥的生活，眼睛卻看著別人的生活，羨慕別人的人生；殊不知，唯有不奢求完美的生活才會更快樂的生活。其實，人活著就是一種心態，當你心若旁騖，看淡人生苦痛，淡泊名利，心態積極而平衡，有所求有所不求，有所為有所不為，不用刻意掩飾自己，不用勢利逢迎他人，不用做偽君子，做一個真真正正的自我。如果能這樣，人生就算失意也會無所謂得與失，坦坦蕩蕩，真真切切，平平靜靜，快快樂樂。人生十有八九不如意是說人生如意的事畢竟是少數。大作為、大造就必經大挫折、大磨難，百煉才能成好鋼，爐火燒到一定火候才能變成純青。

世間事情相輔相成，有得必有失。社會中紛紜失意的人煩惱多多，矛盾多多。有人說過：「有人的地方必然有矛盾。」矛盾的根源在於不同思想的分歧。人生本來就是不完美的。所以，我們在做事時也不能苛求盡如人意。無須耿耿於懷自己總無法完善的缺點。當你接受現實的不完美時，當你為生命的延續心存感激時，你就能成就完整，實現完美人生。不要埋怨、不要哀歎，年輕的心，怎能懼怕磨難，前方的路，雖然跌跌撞撞，但是一樣的瑰麗。

人生在世，憂慮與煩惱有時也會伴隨著歡笑與快樂。正如失敗伴隨著成功，如果一個人的腦子裡整天胡思亂想，把沒有價值的東西也記存在頭腦中，那他總會感到前途渺茫，人生有很多的不如意。所以，我們很有必要對頭腦中儲存的東西，給予及時清理，把該保留的保留下來，把不該保留的予以拋棄。那些給人帶來諸方面不利的因素，實在沒有必要過了若干年還得回味或耿耿於懷。這樣，人才能過得更加快樂、灑脫。

抓住離你最近的幸福

人們往往總是羨慕著別人的幸福，而忽視了自己手中握著的幸福。正所謂的當局者迷，旁觀者清。能活著對於失去生命或者即將失去生命的人而言，就是一種幸福，因為只有活著，才能感受溫暖，感受愛，才能感受陽光，才能呼吸新鮮的空氣；只有活著，才能品茗小曲，才能登高望遠，才能花前月下；只有活著，才能知悲喜，受傷痛。

有位哲人說：「一直抱怨自己的鞋不好看，直到看見一位沒有雙腳的人。」因為人不知道自己真正需要什麼，所以無休止的貪婪，無休止的追逐。兩個不同心態的人，面對半瓶喝剩下的酒，一位說：不錯喔，還剩半瓶酒。另一位卻說：怎麼只剩下半瓶酒。幸福在哪裡？就在那半瓶酒裡，幸福與貴窮和富貴沒有關係，一對恩愛夫妻，能牽著彼此的手，同喝一碗粥，那就是幸福；忙碌了一天回到家，有一杯熱茶，遞一條毛巾，那就是幸福；晚上應酬，一個電話，那就是幸福。

幸福就像空氣，時刻圍繞在我們身邊，朋友的一句祝福，一聲惦記，那就是幸福；父母的一碗餃子，一碗雞蛋麵，那就是幸福；孩子的一個擁抱，一個親吻，那就是幸福。幸福就如同手中的沙粒，別視而不見，也別抓得太緊。欲乃天性，度是幸福的根本，無度的欲望，既無止盡，也無幸福。

愛與被愛是一種幸福，痛苦是在拿別人的錯誤懲罰自己，學會放下，有一句話說得好：醒著，有得有失，睡著，有失有得。用平和的心態，看待得失；用自然的心境，體會生離死別，一切皆自然。既然我們無法改變，那就學會適應；朗朗晴空，就感受天空的高遠，細雨綿綿，就領略柔弱纏綿；花開迷人，花謝醉人，落花自有落花意，流水皆有流水情。

幸福其實就是酸甜苦辣鹹幾種味道的混合，這需要我們自己來調劑，幸福與不幸福就看你調劑成什麼味道了。這就是人生的幸福。真正的幸福就是一種對愛的感受，只要我們有一顆感恩的心，幸福就會處處存在。

生活中，或許每個人對幸福的理解都不太一樣，其實幸福很簡單，它就存在於我們的身邊，只是我們過分的去追求其他，不會認真的去感受它的存在罷了。而幸福本身也是需要比較的，需要有東西去襯托它的存在，這就需要我們有一顆發現幸福的慧眼了。人活著本身就是一種幸福，所以人不要總抱怨自己如何的不幸，看見別人生活得比自己好心裡就不痛快或者心生羨慕。這些都沒必要，因為命運是公平的，在你羨慕別人的同時也會有人來羨慕你。

因此，不要總生活在抱怨和羨慕別人的世界裡，應該懂得珍惜、知足和感恩。要努力珍惜，不做苛刻的要求，該得者得，該失者失，得之勿忘形，失之勿沮喪，做到知足常樂；我們要時常懷有一顆感恩之心，對自己好的人要施以回報。能做到這些，幸福終將伴其一生。

以下介紹幾種抓住幸福的方法，希望每一個人都能從中收穫屬於自己的幸福。

（1）**不抱怨生活**。幸福的人並不比其他人擁有更多的幸福，而是因為他們對待生活和困難的態度不同，他們從不問「為什麼」，而是問「為的是什麼」，他們不會在「生活為什麼對我如此不公平」的問題上做過長時間的糾纏，而是努力去想解決問題的方法。

（2）**不貪圖安逸**。幸福的人總是離開讓自己感到安逸的生活環境，幸福有時是離開了安逸生活才會累積出的感覺，從來不求改變的人自然缺乏豐富的生活經驗，也就難感受到幸福。

（3）**感受友情**。廣交朋友並不一定帶來幸福感，而一段深厚的友誼才能讓你感到幸福，友誼所衍生的歸屬感和團結精神讓人感到被信任和充實，幸福的人幾乎都擁有團結人的才能。

（4）**勤奮工作**。專注於某一項活動能夠刺激人體內特有的一種荷爾蒙的分泌，它能讓人處於一種愉悅的狀態。相關研究者發現，工作能發掘人的潛能，讓人感到被需要和責任，這會給予人充實感。

（5）**降低負面影響**。少接受有關災難、謀殺或其他的負面消息，這樣，無形中就保持了對世界的一份美好樂觀的態度。

（6）**生活要有理想**。幸福的人總是不斷為自己樹立一些目標，通常我們會重視短期目標而輕視長期目標，而長期目標的實現更能給我們帶來幸福感受，你可以把你的目標寫下來，讓自己清楚的知道為什麼而活。

（7）**給自己動力**。通常人們只有透過快樂和有趣的事情才能夠擁有輕鬆的心情，但是幸福的人能從恐懼和憤怒中獲得動力，他們不會因困難而感到沮喪。

（8）**規律的生活**。幸福的人從不把生活弄得一團糟，至少在思想上是條理清晰的，這有助於保持輕鬆的生活態度，他們會將一切收拾得有條不紊，整齊而有序的生活讓人感到自信，也更容易感到滿足和快樂。

（9）**珍惜時間**。幸福的人很少體會到被時間牽著鼻子走的感覺，另外，專注還能使身體提高預防疾病的能力，因為，每三十分鐘大腦會有意識的花九十秒收集資訊，感受外部環境，檢查呼吸系統的狀況以及身體各器官的活動。

（10）**心懷感激**。抱怨的人把精力全集中在對生活的不滿之處，而幸福的人把注意力集中在能令他們開心的事情上。所以，他們更多的感受到生命中美好的一面，因為對生活的這份感激，所以他們才感到幸福。

感到累時要學會放下

人生的一切煩惱，歸根結柢就是在生活中沒有學會放下，使身心背負著沉重的包袱，因而生活也變得越來越累，越來越辛苦。「智者無為，愚人自縛」，人通常喜歡給自己的心靈套上枷鎖，精神添加壓力。所以說「放下」，不僅是一種解脫的心態，更是一種清醒的智慧。不管境遇如何，請放下昨日的輝煌，放下昔日的苦難，放下所有束縛你的包袱。放下了，你就會有頓悟之後的豁然開朗，重負頓釋的輕鬆，雲開霧散後的陽光燦爛。

人往往擁有的越多，煩惱就越多。因為萬事萬物本來就隨著因緣變化而變化，我們卻試圖牢牢把握讓它不變，結果自然沒有人能做得到。人生的道路上，很多人都有貪得無厭的心態，俗話說：「欲壑難填。」自古以來，人們就有著對金錢、美色、權利等一切美好事物的嚮往，它猶如滔滔江水，在人們內心深處澎湃，因小失大的事情，使自己遺憾終身，正因為有這樣貪婪的毛病，反而失去了太多，結果是竹籃打水一場空。只有學會放下，你才能夠騰出手來得到自己真正想要的東西。

對於放下，很多人有不同的看法。其實，放下是一種智慧的選擇。處事時，該放就放，該斷就斷，不要因小失大。放下是一種順其自然的心態，人生總是在取捨之間，面對不同的選擇，應該學會放下，學會滿足，這是智者的心態，是成功的階梯。人只有放下生活中不必要的東西，才能邁出灑脫的一步，活出自我的風采。

憂慮來自內心，一切的煩惱都來源於自身。人生路上會遭遇到許多不幸，挫折、失敗、打擊、痛苦、孤獨等，當你放下這一切時，心靈就會得到解脫，該放不放，會成大患。同時放下不等於放棄，只有懂得衡量事物間的利弊得失，不過於強求自己，不過於委屈自己。一味追求不屬於自己的東西，不但會迷失自我，也會徒增煩惱。可見放下是為了更好選擇。

學會放下是一種生活的智慧，是一門心靈的學問。人生在世，有些事情是不必在乎的，有些東西是必須清空的。該放下時就放下，你才能夠騰出手來，抓住真正屬於你的快樂和幸福。任何選擇都有缺陷，沒有什麼決定是兩全齊美的。如果你總是希望完美，那麼你永遠也做不出什麼決定。當你最終按照自己的心意，而不是遵循原有的生活習慣，自己選擇了方向與路途時，就不要抱怨，更不要後悔。

一個人只有能夠勇敢承擔起自己的責任，才能在人生道路上留下無悔的足跡。已經擁有的不要忘記；已經得到的要備加珍惜；屬於自己的不要放棄；已經失去的留作回憶；想要得到的一定要努力；累了把心靠岸；選擇了就不要後悔；苦了才懂得滿足；痛了才享受生活；傷了才明白堅強。放下壓力，累與不累，取決於心態；放下煩惱，快樂其實很簡單；放下自卑，把自卑從你的字典裡刪去；放下懶惰，奮鬥改變命運；放下消極，絕望向左，希望向右；放下抱怨，與其抱怨，不如努力；放下猶豫，立即行動，走向成功；放下狹隘，心寬天地寬。

有這樣一個故事：

一個富翁做生意賺了很多錢，可是他既怕人來偷，又怕人家來借，成天為了這些錢財而憂心忡忡，所以很不快樂，於是他便背著這許多錢財，到處尋找快樂。然而，他翻越萬水千山後，依然沒有找到快樂，不免感到非常沮喪，便坐在路邊唉聲歎氣。這時，一位樵夫擔著柴從山上走下來，正好在富翁面前停下休息。樵夫放下了擔子，一邊擦汗一邊愉快的向富翁打招呼。富翁就問樵夫：「你知道快樂在哪裡嗎？我找了好久都沒有找到。」樵夫指著自己的擔子說道：「知道啊，放下了就很快樂。」富翁聽到這話茅塞頓開：「原來自己不快樂是因為背負的太多，為了那些錢財，整天擔心受怕，患得患失，怎麼可能會有快樂可言呢？」於是，他不再做守財奴，錢財也不再緊抓著不放，而是開始用自己的錢財濟貧濟窮，做了許多善事，而他的生意由於他的良好聲譽更加紅火起來，富翁終於找到了快樂之道。

故事裡樵夫與富翁的快樂都源於「放下」，樵夫因放下肩上沉甸甸的擔子而高興，而富翁則是因放下了心頭的負擔而快樂。原來生活多一份用心，便會有所不同，片刻的領悟，有時足抵一生的經驗，放下的智慧是發自內心、無可取代的力量。勇於捨棄並且敢於放下人生種種包袱，才能夠輕裝前行，生活才會更加充實與輕鬆。一般來說，心胸狹窄的人總是喜歡為難別人，他們不願意幫助別人，也不寬容或原諒別人。有時乘人之危，抓住別人的把柄不放，揚揚自得。其實，將個人的恩怨放下，寬容別人，不難為別人也是一種美德。但有些人並不注重這種美德。這種美德能夠感化人，提升人們之間互助親善關係，使社會形成一種寬厚、豁達的向善風氣，小人就不會產生，陰暗的東西就會少一些，當自己有了不幸的時候，也容易得到他人的幫助。

人的一生，要歷經千萬門檻，打開的大門並不完全適合我們的軀體，有時甚至還有人為的障礙，我們會經常碰壁，或不得不伏地而行。因此，要學會低頭，不逞匹夫之勇，該低頭時就低頭，巧妙的穿過人生荊棘，這既是人生進步的一種策略和智慧，也是人生立身處世中不可缺少的風度，同時，這也更是一種修養。

現實生活是殘酷的，很多人都會碰到不盡如人意的事情。有時候，我們必須面對現實，學會低頭示弱，說得直白一點，也就是該低頭時就要低頭。要放下所謂的「面子」和「尊嚴」。低頭是一種智慧和勇氣。要知道，敢於碰硬，被視為有「骨氣」，若一味有「骨氣」，到頭來，不但會被拒之門外，而且還會被「門框」撞得頭破血流，元氣大傷，有些人會因此而一敗塗地。我們都是常人，不管昨天你是成功還是失敗，都已成為歷史，不能成為最終的決定因素。因此，不要沉溺於過去，把過去的一切都放下，卸下心頭的包袱，才能更好開始新的生活。

第二章

先難後獲，先勞苦而後得功，此所以為仁也。

——孔子

（譯文：先經歷艱難取得收穫，先付出勞動取得成功，就可以說得上是仁了。）

（古代思想家、教育家、社交活動家，被後人推崇為儒家學派創始人。相傳曾修《詩》、《書》，訂《禮》、《樂》，序《周易》，撰《春秋》。孔子一生從事傳道、授業、解惑，被人尊稱為「至聖先師，萬世師表」。）

想成功，先開始行動

每個人都想成功，因為成功不僅可以證明一個人的價值，還能使自己的生活更加舒適，從而獲得心理上的滿足與幸福。每個人都渴望能有好運氣，然而，好運氣不是等來的，而是需要創造的。成功始於行動，如果沒有行動，再美麗的夢想都等於零。「行勝與言」，「言必行，行必果」，「說到不如做到」……這些話都是說要想做成某件事，並不是表面說說而已，是需要用自己的行動去實現的。有一句格言說得好：「幸運之神會光顧世界上的每一個人，但是，如果她發現這個人沒有準備好迎接她時，她就會從門裡進來，然後從窗子飛出去。」在生活中，有許多人都有自己的理想，在他們中間，一些人是整日把自己的理想掛在嘴邊，而另一部分人則是默默無聞的為自己的理想奮鬥著。

富蘭克林說過：「從事一項事情，先要決定志向，志向決定以後就要全力以赴，毫不猶豫去實現。」養成向著目標立即行動的習慣，是每一個成功人士必備的素養。當事情不如意時，一定是你沒有掌握正確的方法；當完成的速度不夠快時一定是你使用的策略不對。

當你開始拖延時，一定是你的優先順序沒有排列對，因為你不知道這件事情有多重要。凡事掌握其根源，不要把事情複雜化，立刻採取行動，必定會得到收穫和成效，不管你現在要做什麼事，請立刻行動。要成功就要採取行動，因為只有行動才會產生結果，而且還要善於觀察那些成功的人通常都採取了哪些方法。有人說：「成功開始於想法。」但是，只有想法，卻沒有付出行動，還是不可能成功。你必須研究成功者每一天都在做些什麼，他們到底做了哪些跟你不一樣的行為，假如你可以好好的研究他們的行動並實踐，那麼，你一定會成功。

任何偉大的目標和偉大的計畫，最終必然落實到行動上。個人制定的目標再偉大，如果不去落實，也永遠只能是空想。制定目標是為了達到目標，目標制定好之後，就要付諸行動去實現它。如果只有目標而不去行動，所制定的目標也就成了毫無意義的東西。這就好比是一次賽車，明確的目標只相當於給你的賽車加滿了油，畫出了前進的方向和路線，要抵達目的地，還得把車開動起來，並保持足夠的馬力。

對於每個人來說，只是空想而不去做，就根本完成不了任何事情。世界上每一件東西，大到飛機軍艦、高樓大廈，小到一針一線，都是由一個個想法付諸實施所得的結果。成功好比一把梯子，那些把雙手插在口袋裡的人是永遠也爬不上去的。因此，凡事只要想去做就要立即行動。對於一個藝術家來說，他會力圖不讓任何一個靈感溜掉。當他產生了新的靈感時，會立即把其記下來。即使在深夜，他也會這樣做。藝術家的這個習慣十分自然，毫不費力。對他來說，這就像是突然想到一個令人愉快的念頭時，你會不覺得笑起來一樣。

土耳其有句諺語：「每個人心中都隱藏著一頭雄獅。」意思是：每個人都可以像雄獅一樣快速行動。開始行動的準則，不止適用於人類，在動物界也廣泛存在著。人們常說一個人做自己要做的事，應該有這樣的態度，要麼不做，要做就做好。其實，「做」比「做得最好」重要。因為「盡力做好」這種盲點會使一個人既不嘗試新的活動，也不能欣賞目前正在從事的活動。相比之下，很多人飽食終日，無所用心，不運動，不學習，不成長，每天在抱怨一些負面的事情，他們哪來的行動力？記住：「成功屬於那些採取了行動的人，而不是只懂理論而從不實踐的人。」所以，我們必須把知識化為行動，因為行動才有力量！

不管你現在決定要做什麼事，不管你現在設定了多少目標，請你一定要立刻行動。如果沒有，那些為你提供精力能源，讓你充滿希望，賦予你人生意義的系統都會失去作用。比如將現況分為兩個階段來看，你並不喜歡現在所處的階段，但想使自身能力迅速提高，身價上揚，就非運用目前的階段不可。目前階段便是使你的身價能夠上升的支柱。如果不去想這些，而只是抱怨對現狀的不滿，那是根本不可能改變現實的。

真正的成功者不論他們喜不喜歡，願不願意，都懂得活用現在的處境來作為提升自我身價的跳板。他們勇敢面對現狀：「這就是我今日的處境，我唯一得以解救的就是在目前環境中展開活動。」如此一來事情就有了急速的變化，他們只要每天在「目前環境」中開始行動就會發生奇蹟，人生便向他散播希望，綻放異彩。

生活中，只有去做才是最重要的，而且是從現在開始去做，而不是從「明天」、「下個禮拜」、「以後」、「將來某個時候」或「有一天」開始去做。「現在」這個詞對成功而言妙用無窮。如果你時時想到「現在」，就會完成許多事情；如果常想「將來一天」或「將來什麼時候」，你就一事無成。歌德說：「把握住現在的瞬間，把你想要完成的事物或理想，從現在開始做起。只有勇敢的人身上才會擁有天才、能力和魅力。因此，只要做下去就好，在做的過程當中，你的心態就會越來越成熟。能夠有開始的話，那麼，不久之後你的工作就可以順利完成了。」

真正的成功永遠不可能被守株待兔者真正擁有，或許一次，兩次可以僥倖得之，但它最終垂青的定然是那些大膽行動者。很多成功人士都告訴人們要獲得成就必須從現在開始實踐，敢於邁出去。人生絕對不是規劃出來的，而是腳踏實地走出來的。也許你已經考慮過喜歡做哪一行，等你了解了較多的情況，就可以判斷是否要繼續學下去。要取得成功就得大膽開始行動，並全力以赴！有些人很想有所成就，很想有所收穫，但是還沒有動手就感到非常困難，他們搞不清楚自己想要做什麼。由於思想上沒有一個明確的目標，所以覺得很難決定下一步要做什麼。於是，他們就束手坐在那裡等待奇蹟的到來。然而，奇蹟並不是光憑等待就會來的。許多成功的人，他們都是一直不斷積極努力，大膽進取，直到對自己所作的選擇有所成就。

專注的人更容易成功

人的一生，不可能是一帆風順的，只有屢敗屢戰的人才會成功。事實上，我們不管做什麼事，不僅需要深思熟慮後的果敢決定，更需要有一種為實現自己的決定而做出無悔的、不懈努力的精神，沒有這種精神，我們就很難取得成功、成就大事！

一位哲人說：「人這輩子能把一件事做好，就很了不起。」你是否有雄心壯志，做一個「了不起」的人呢？那就嘗試著認認真真去做一件事，用一輩子做好一件事，是極富人生哲理的思考，在我們的身邊也有許多這樣的例子。在大陸軟體業裡，王文京是很多人都熟悉的人物，正是他推動了財務軟體在大陸的廣泛運用。可以說，在很多人眼裡，王文京是「知識創造財富」的代名詞。從一介窮書生到個人身價高達數十億元的富商，十幾年間，他一手締造的「用友軟體」也牢牢占據著財務軟體的領導地位。談及自己的創業經歷，王文京用最簡單的語言概述他的成功：「一生只做一件事。專注，堅持。」

王文京說，「經營一個企業和做很多事一樣，就是要把最基本的東西做好。那些最基本的東西看起來很簡單，每個人都懂，但恰恰很多人沒有把最基本最簡單的東西做好。產品要做好，服務要做好，要善待員工……這些全是常識，是基礎性的東西，但不是每個人都能做到的。重要的不是現在的起點高還是低，現在的規模大還是小，重要的是要去做。企業都是從小發展起來的，認準方向，把握機會，堅持下去，一定會有大發展。」

自一九九一年始，用友軟體高踞市場龍頭地位，這把交椅一坐就是十年。王文京說：「差不多每兩到三年我們就要換一批競爭對手。每一次技術變革都要重新劃分市場占有率，有的企業能把握機會，另一部分不行就下去了，對一個軟體企業來說，跳上一個浪尖比較容易，把握一兩個浪尖也是可能的，但把握每一個浪尖絕非易事，這才是真正的挑戰。」正是憑著專注、堅持，王文京帶領著他的團隊「一直站在浪尖上」。

同樣，在大洋彼岸的美國，一位成功學家也講述了一個關於專注的故事：

在好多年前，當時有人正要將一塊木板釘在樹上當擋板，賈金斯便走過去說要幫他一把。他說：「你應該先把木板多出來的鋸掉再釘上去。」於是，他找來鋸子之後，還沒有鋸到兩三下又停手了，說要把鋸子磨利些。於是他又去找銼刀，接著又發現必須先在銼刀上裝一個順手的手把。於是，他又去灌木叢中尋找小樹，可是砍樹又得先磨利斧頭。磨利斧頭需將磨石固定好，這下子要製作支撐磨石的木條。製作木條少不了木匠用的長板凳，可是這沒有一套齊全的工具是不行的。於是，賈金斯到村裡去找他所需要的工具，然而這一走，就再也沒有回來了。

賈金斯無論學什麼都是半途而廢。他曾經廢寢忘食的攻讀法語，但要真正掌握法語，必須首先對古法語有透徹的了解，而沒有對拉丁語的全面掌握和理解，要想學好古法語是絕不可能的。賈金斯進而發現，掌握拉丁語的唯一途徑是學習梵文，因此便一頭栽進梵文的學習之中，可是這就更加曠日廢時了。

賈金斯從未獲得過什麼學位，他所受過的教育也始終沒有用武之地。但他的先祖為他留下了些本錢。他拿出十萬美元投資辦一家煤氣廠，可是煤氣所需的煤炭價錢昂貴，這使他大為虧本。於是，他以九萬美元的售價把煤氣廠轉讓出去，開辦起煤礦來。可這又不走運，因為採礦機械的耗資大得嚇人。因此，賈金斯把在礦裡擁有的股份變賣成八萬美元，轉入了煤礦機器製造業。從那以後，他便像一個內行的滑冰者，在有關的各種工業部門中滑進滑出，沒完沒了。賈金斯的情形每況愈下，越來越窮。他賣掉了最後一項謀生的最後一份股份後，便用這筆錢買了一份逐年領取的終生年金，可是這樣一來，領取的金額將會逐年減少，因此他要是活的時間長了，早晚得挨餓。

他戀愛過好幾次，雖然每一次都毫無結果。他對一位女孩一見鍾情，十分坦率的向她表露了心跡。為使自己匹配得上她，他開始在精神品德方面提高自己。他去一所星期日學校上了一個半月的課，但不久便自動退學了。兩年後，當他認為問心無愧、無妨啟齒求婚之日，那位女孩早已嫁給了一個愚蠢的傢伙。不久他又如痴如醉的愛上了一位迷人的、有五個妹妹的女孩。可是，當他到女孩家時，卻喜歡上了二妹。不久又迷上了更小的妹妹。到最後一個也沒談成功。來回搖擺的人永遠都不可能成功。

社會上想改變自己處境的人很多，但是很少有人將這種改變處境的欲望具體化為一個個清晰明確的目標，並為之奮鬥。結果這些人的欲望也僅僅是欲望而已。其實，每個人的思想都是無限大的，只要專注於某一件事情，就一定會做出使自己感到意外的成績。因為如果一個人專心致志的工作或學習，就說明他已經有了明確的奮鬥目標，明白自己現在究竟在做什麼事，不達目的，絕不甘休，而且表明了排除干擾的決心。當一個人專心致志時，就彷彿完全進入了另一個世界，對周圍的喧鬧聲、說話聲就會聽而不聞。拿出這樣一股勁去做事，成功就指日可待了。

磨練越多，生命越強

很多人要是沒到大難臨頭，往往發揮不出他強大的實力。除非不幸、悲哀、痛苦及其他種種創痛足以打動其生命核心，不然，他內在的潛力是不會被喚起的。檢驗一個人的品格，最好是在他失敗的時候，看他失敗了以後會是怎樣。失敗能喚起他更多的勇氣嗎？失敗能使他發揮出更大的努力嗎？失敗能使他發現新力量、挖掘潛在創造力嗎？失敗了以後，是決心加倍的堅強還是就此心灰意懶？

愛馬森說：「偉大、高貴人物最明顯的標誌，就是他堅忍的意志，不管環境如何惡劣，他的初衷與希望不會有絲毫的改變，並將最終克服阻力達到所企望的目的。」跌倒以後，立刻站起來，向失敗奪取勝利，這是自古以來偉大人物的成功祕訣。

有人問一小孩子，怎樣才能學會溜冰。小孩回答：「每次跌倒之後，立刻爬起來！」促使個人成功或軍隊勝利的，實際上也是這種精神。跌倒算不得失敗，跌倒後不站起來才是真正的失敗。過去的生命對於你，恐怕是創痛深刻的傷心史！在檢閱過去的一切時，你會覺得你處處失敗，一事無成！你熱烈期待的事業竟不成功；你親愛的親戚朋友，甚至會離棄你！你的前途，似乎是十分悲慘和黑暗。雖然有上述各種不幸，只要你不甘心永遠屈服，勝利仍然會向你招手並等待你的到來。

要善於檢驗你人格的偉大力量：你應該常常捫心自問，在除了自己的生命以外，一切都已喪失了以後，在你的生命中還剩些什麼？即在遭受失敗以後，你還有多少勇氣？假使你在失敗之後，從此振作不起，放手不做而自甘永久屈服，則別人可以斷定，你根本算不上什麼人物；但假如你能雄心不減、進步向前，不失望、不放棄，則人家可以知道，你的人格之高、勇氣之大，是可以超過你的損失、失敗與災禍的。或許你要說，你已經失敗很多次，所以再試也是徒勞無益；你已經跌倒很多次，再站立起來也是無用。對於意志永不屈服的人，絕沒有什麼失敗！不管失敗的次數怎樣多，時間怎樣晚，勝利仍然是可期的。

無論你做了多少準備，有一點是不容置疑的：當你進行新的嘗試時，你可能犯錯誤，不管是作家、運動員或是企業家，只要不斷對自己提出更高的要求，就難免失敗。但失敗並非罪過，重要的是從中吸取教訓。

在美國，有這樣一個年輕人，他是個大學生，每逢學校過禮拜或放假，他都得去他父親開設的工廠去上班。他用打工的薪資來償還父母為他墊付的學費和生活費。在廠裡，他和其他工人一樣排隊打卡上下班，月底就憑生產線給他評定的品質分和完成工作的情況結算薪資。有一次，他因公車晚點而遲到了兩分鐘，那月的獎金就被扣除了一半。

當他終於熬到大學畢業，認為自己可以接管父親的公司時，父親不但不讓他接管公司，反而對他更加苛刻。他想不明白，父親是一家公司的董事長，他家並不缺錢花，還經常捐錢給慈善機構，可就是捨不得多給他一分錢，就連生活費也得定期向父親索取。他終於被父親逼出了家門，他覺得自己肯定不是父親的親生兒子，要不然怎麼會這樣對待他。他想，反正自己已經和父親沒有關係，不如去外面另謀生路。

他想去銀行貸款做生意，可是父親堅決不給他做擔保，沒有擔保人，他就沒有辦法向銀行貸到一分錢。於是他只有去給別人打工，然而複雜的人際關係，最終他被人擠出了公司。失業後，他用打工累積的一點資金開了家小店，小店生意不錯，他又開了家小公司，小公司慢慢的變成了大公司。但令他萬分痛心的是，公司因為經營管理不善倒閉了。他想過跳樓，但又不甘心就這樣離開人世。他認真思索了他的過去，思索父親為什麼對自己這麼冷酷，思索自己為什麼在打工和經商中屢遭慘敗，他總結了自己的失敗教訓，但他沒有灰心喪氣，決心咬緊牙關挺起胸膛從頭再來。

就在他振作精神準備再幹一番的時候，他父親找到了他，張開雙臂緊緊的擁抱他，並決定讓他來接管自己的公司。對於父親的決定他非常不解，他說：「我現在是個一無所有甚至是個失敗的人，你為什麼還要我接管你的公司呢？」父親說：「不，孩子，你雖然跟幾年前一樣依然沒有錢，但你有了一段可貴的經歷，這段經歷對你來說是一場艱苦的磨練，然而它確是可貴的。如果我前幾年就將公司交給你，你很難把公司經營管理好，也可能遲早會失去公司，最終變得一無所有。可是現在你擁有了這段經歷，你會珍惜它，而且會把公司管理好，還會不斷讓它發展壯大。孩子，無論做什麼事情，不經受一番磨練是做不好的。」

果然，他不負父親的期望，將規模不大的公司發展成了一家令全球矚目的大公司。他就是波克夏海瑟威公司總裁，有著「美國股神」稱號的華倫．巴菲特。他的資產僅次於比爾．蓋茲，排名世界第二位。受父親的影響，華倫．巴菲特一生節儉，謹慎從事。他的西裝是舊的，汽車也是舊的，甚至他住的房子也是舊的。他現在擁有三百五十多億美元的資產，是個真正的超級富豪，負債率幾乎為零。

從華倫．巴菲特的故事我們可以看出，歷經苦難、磨練對一個人來說是多麼重要。不是說不經歷苦難、不經歷磨練練就不能成功成才，但經歷了苦難、經歷了磨練至少使人累積了經驗，增強了毅力，從而使人更懂得珍惜自己的事業和生活，也更懂得如何做人與處世。法國文豪羅曼．羅蘭說過：「累累的心靈創傷，就是生命給你的最好的東西，因為每個創傷上面都標示著邁向成功之路的記號。」

任何困難都是人生的重要夥伴，任何磨練都是成功的基石。有壓力才能激發潛力，有信心才能開創未來！平靜的湖面，訓練不出精幹的水手；安逸的環境，造就不出劃時代的英雄。因此，我們要感謝那些曾經折磨過你的人！是他們給了你越挫越奮的機會，是他們給了你無私無畏的磨練，是他們給了你日益豐富的人生經歷，那些忘恩負義的小人使你看清世途的艱辛，那些口蜜腹劍的小丑使你洞悉人間的冷暖，那些唯利是圖的小人使你明確叢林裡的法則。儘管他們的醜行令你惱怒，但是因為有了他們的存在，會使再出發的你更加優異。

自古英雄多磨難，紈褲子弟少偉男。逆境催人奮進，何懼荊棘滿途。自勝者永遠都是強大的。命運或好或壞，皆是上蒼的「恩賜」。人生會不斷或被人或自己折磨著。面對一切周遭際遇，要像貝多芬那樣「扼住命運的咽喉」，默默記住經驗，牢牢的記住教訓，勇敢站在新的起點，為自己加油，才有可能走出屬於自己的新路！

逆境中的人更懂得幸福的滋味

人生一世，就必須經常接受命運的挑戰。而無論結果是勝利還是失敗，我們都要做到「勝不驕，敗不餒」，繼續勇往直前。正如林肯在競選參議員失敗後說的那樣：「此路艱辛而泥濘。我一隻腳滑了一下，另一隻腳也因而站不穩，但我緩口氣，告訴自己：這不過是滑一跤，並不是死去而爬不起來。」

發明家愛迪生說過：「偉大人物的最明顯的標誌，就是他有堅強的意志，不管環境變換到何種地步，他的初衷與希望仍不會有絲毫的改變，最後能克服障礙，以達到期望的目的。」所以，「不墜青雲之志」是克服挫折的首先要求。真正的強者，在順境中不為掌聲和鮮花所陶醉，在逆境中善於創造並利用有利條件，堅定而果敢的前進。種子和土壤，決定著一個生命最終的成熟狀態，有的生命之根卻在逆境的土地上。逆境可以激發人的奮鬥精神，可以鍾鍊人的不屈意志。逆境是生活的階梯，強者上，弱者下。

作用力越大，反作用力越強。逆境磨練意志，給人才華，這是逆境造就人才的含義。真正成功的人是那些已學會面對人生挑戰，並能把逆境中求勝的經驗傳遞給其他人；而那些承認人生失敗，因而畫地自限的人，才是真正的失敗者。能帶動我們生活和文化的人，亦是能與他人溝通的大師，他們具有傳送見解、欣喜、消息的能力。逆境科學的價值在於，上帝在給人一份困難的同時，也會給人一份智力。

西元一八〇五年，北歐小國丹麥的歐登塞城，一個貧苦鞋匠家裡誕生了一個看上去平凡得不能再平凡的男孩子，他是十九世紀著名童話作家、世界童話之父安徒生。安徒生小時候請不起老師，父親給他上課，教他哲理，讓他懂得了人世間情懷，懂得了憐憫，也懂得了寫作。安徒生十一歲時，父親病逝了，酷愛文學的他獨自一人來到丹麥首都哥本哈根，開始了在文學領域的拚搏生涯。終於，在一次偶然的機會中，他的才華被發現，獲得了免費就讀的機會，這對於一個家境貧寒的青年是一次多麼難得的機會！西元一八二八年，他升入了哥本哈根大學。畢業後的安徒生始終沒有工作，主要靠稿費維持生活。西元一八三八年他獲得作家獎金，國家每年撥給他兩百元非公職津貼。從此，他開始專注於童話創作，優秀作品接連不斷問世，事業一次次達到高峰，但他的生活卻一直處於低谷。安徒生的一生都是在逆境中度過的，自幼貧窮，早年喪父，終身未娶，貧窮、孤獨、悲痛的窘境無時無刻不在伴隨著他；也可以說，他的一生都是在頑強的拚搏中度過的，他不斷與命運抗爭著。他的作品為世間帶來了一絲溫暖，為孩子們帶來了幸福與歡樂，即使自己生活在寒冷的冬天也在所不惜。

逆境給人才成長製造困難，形成壓力，使人才成長備受挫折。但是，正如《菜根譚》中所說，「居逆境中，周身皆針砭藥石，節礪行而不覺；處順境時，眼前盡兵刃戈矛，銷膏糜骨而不知。」久處順境，易生驕奢淫逸和惰性。而人在身陷逆境時，資源匱乏，精神壓抑，成功欲望迫切，成才動機強烈，因此常常能夠取得在順境中難以取得的巨大成功。事實正是如此，豪門子弟多不成器，而出身貧寒者始終處於憂患之中，逆境使人別無選擇，逆境給人很大壓力，而壓力能激發出強勁動力。

尼克森是美國第三十七任總統，這位總統幼年時期家境卻非常貧窮，為了生計，他的父親開了一家小小的汽車加油站兼食品雜貨店。從此以後，年僅十歲的尼克森每天必須到店鋪幫忙工作，稍大一點時，他便獨自承擔起採購水果和蔬菜的任務。這項工作相當艱苦，他必須每天凌晨四點就起床，以便搶在五點以前將馬車趕到洛杉磯菜市場。當他將採購到的貨物運回蒂惠爾後，還必須分秒必爭將其洗淨、分級，送上貨架陳列好，到八點再趕到學校去上課。下午放學後，他首要的任務不是回家做功課，而是到店裡去做幾個小時工作。因此，他幾乎每天到深夜才能做完功課。當年的加州對於不畏艱苦的人來說，似乎是一個有無窮機會的地方，少年尼克森就是在這裡接受了磨練，進入中學時為鍛鍊自己的競爭能力和減輕生活壓力，他與足球運動結下了不解之緣。由於他具有堅強的意志和自我約束的能力，儘管學習環境艱苦，但他的學業成績卻一直很好。

每個人都是哭著來到這個世界上的，這彷彿註定了在今後的生活道路上將遭受各種困難和折磨。如果你一味追求順境，就會失去戰勝困難的勇氣和力量。生長在溫室裡的花朵是無法抵擋外面的風風雨雨的。巴爾札克曾說過：「苦難對於天才是一塊墊腳石，對能幹的人是一筆財富，對弱者是一個萬丈深淵。」抓住眼前的苦難來鍛鍊自己吧，否則當逆境找上門來的時候，你將束手無策、坐以待斃。逆境有如逆水行舟，當划過了一道最艱難的河道之後，我們常能感到一種放舟千里的喜悅。

人生處處都可能碰到逆境。逆境是一體兩面，它既能使人堅強，也會使人脆弱，從來沒有人能在經歷磨難後而毫無改變。只是有些人能夠戰勝和突破逆境並站立起來，而有些人卻被逆境擊垮。在逆境中站起來的是強者，被逆境擊垮的是弱者。弱者在逆境面前只看到困難和威脅，只看到所遭受的損失，後悔自己的行為或怨天尤人，因而整天處於焦慮不安、悲觀失望、精神沮喪等消極情緒之中。而強者卻能戰勝逆境。強者之所以是強者，就是因為他們敢於面對逆境，不逃避，不屈服，冷靜的面對逆境。逆境使強者產生挫折感，而強者在挫折後能夠冷靜的思考逆境的根源，思考如何避免逆境給人帶來的災難。於是想辦法補救或改善，實在改變不了就另闢蹊徑，這便是逆境中產生的積極思考。正所謂：「苦難是人生的老師，逆境是強者的學校。」

沒有經歷苦難的人生是殘缺的

美國著名成功學大師皮魯克斯說：「任何一名敢於挑戰自己的人都應該明白，失敗會改善人的心情和強化人的意志。即使是悲傷，也以一種奇妙的方式和快樂與溫和聯繫在一起。」約翰．班揚曾說過：「如果失敗是合法的，人們會祈禱更大的苦難，因為它會帶來更多的幸福。這就是挑戰後得到的幸福。」和快樂一樣，苦難也毫無疑問是上帝給人生的恩賜，但是，它對一個人品格的磨練卻比快樂要大得多。它磨練和美化人的個性，教給人以耐心和服從，昇華出人最深邃和最高尚的思想。曾經在地球上生活過的最優秀的人，必定是曾經遭受過苦難的人，他溫順、柔和、耐心、謙遜而又精神平靜，這種人是真正的紳士。苦難或許是命運設定的手段，透過苦難就可以磨練和產生出品德高尚的人。假如幸福是人生的目標，那麼悲傷就是達到這一目的所必不可少的條件。

即使痛苦也並不完全令人討厭。一方面，它與苦難相親相愛；另一方面，它又與幸福毗鄰。痛苦和悲傷一樣，都是手段。苦難從一方面看，它是一種不幸；但是從另一方面看，它又是一種磨練。如果沒有苦難，那麼，人性中最好的部分會酣睡不醒。實際上，我們可以說：痛苦和悲傷是一些人獲得成功必不可少的條件，也是刺激他們的才能發育成熟必不可少的手段。詩人雪萊曾經說道：「最為不幸的人被苦難撫育成了詩人，他們把從苦難中學到的東西用詩歌教給別人。」假使拜倫擁有幸福的生活，美好的婚姻，成了掌璽大臣或郵政總長，那麼他還會去歌唱嗎？

有時，一個悲傷的人會冷靜的對待生活。「他們知道，誰沒有經受過苦難呢？」一位哲人說。當大仲馬問拉布林是什麼使你成為一位詩人時，拉布林回答說：「是苦難！」首先是妻子的去世，接著是孩子的夭折，使拉布林陷入了巨大的悲痛和非常的孤寂之中，最後他不得不從詩歌中去尋求解脫。

高爾基說：「苦難是一所最好的大學。」這話是非常富有哲理的。當代作家史鐵生二十歲時便雙腿癱瘓，這種打擊對一個血氣方剛、四肢健全的年輕人究竟有多大，不難想像。當時的史鐵生也對自己的人生感到渺茫，極度灰心，甚至都有了輕生的念頭。令人高興的是，最終史鐵生戰勝了人生中的這一重大苦難，化悲傷為力量，以更大的熱情投入到生活中，不斷努力的向自己的人生目標挺進。皇天不負有心人，他成功了，他成了著名的作家。我們不妨設想一番，假如史鐵生在二十歲沒有遭遇這場人生的大苦難，也許他不會成為家喻戶曉的大作家。從某種程度上我們甚至可以說是苦難成就了他的輝煌與成功。談到這點，史鐵生本人也不否認。

當人們看到「千手觀音」表演時，誰能想到舞台上的表演者全是聾啞人，表演者邰麗華竟是一位從小雙耳失聰，一直生活在無聲世界中的人。這對於一個思維正常的人來說，難道不是一個巨大的苦難嗎？聽不到聲音，意味著她無法欣賞優美的歌聲與樂曲，無力感受到有聲大自然的奇妙。令人欣慰的是，她不僅沒有消沉下去，反而對生活充滿了信心，每天都把微笑掛在嘴邊。經過無數次的刻苦訓練，她帶領其他聾啞隊員創造的舞蹈受到了觀眾的一致好評，得到了專家們的一致肯定。按照常人的設想，一個身心障礙者應該要比正常人更難實現人生的目標，但邰麗華卻沒有，她用自己的汗水和行動告訴世人：苦難其實並不可怕，只要自己不氣餒，不灰心，勇往直前，你同樣可以實現自己的人生價值，實現自己的人生理想。

世界上許多最為輝煌、最有意義的事業都是在苦難中完成的——有時是為了從苦難中解脫出來；有時是一種責任感，壓倒了個人的悲傷。「如果我不是像這樣的身體虛弱，或許我就不會做出像今天這樣的成績。」多納博士對一個朋友說。在談到自己的疾病時，多納博士說：「你和我的其他朋友都知道，我經常發燒，因而我時時站在通往天堂的大門口，疾病使我處於孤寂和近乎禁閉的狀態，因此，我時時祈禱。你和其他的朋友是不會忘記的。」

人生的痛苦經常多於快樂。一個人的誕生意味著痛苦的開始，而一個人生命的結束，則是痛苦的終結。人的一生，就是不斷與痛苦抗爭的過程，人生的意義，就在與痛苦的抗爭中尋找快樂。現在，很多人活得很累，過得也不快樂。其實，人只要生活在這個世界上，就有很多煩惱，痛苦或快樂取決於你的心態。人不是戰勝痛苦的強者，便是屈服於痛苦的弱者。再重的擔子，笑著也是挑，哭著也是挑。再不順的生活，微笑著撐過去了，就是勝利。生物學家發現，飛蛾在由蛹變成幼蟲時，翅膀萎縮，十分柔軟；在破繭而出時，必須經過一番痛苦的掙扎，身體中的體液才能流到翅膀上去，翅膀才能堅韌有力，才能支持牠在空中飛舞。和飛蛾一樣，人的成長必須經歷痛苦掙扎，直到雙翅強壯後，才可以展翅高飛。

人生若沒有苦難，我們會驕傲；沒有挫折，成功不再有喜悅，更得不到成就感；沒有滄桑，我們不會有同情心。因此，不要幻想生活總是那麼圓滿，生活的四季不可能只有春天。每個人一生都註定要跋涉山山水水，品嘗苦澀與無奈，經歷挫折與失意。痛苦，是人生必須經歷的一課。因此，在漫長的人生旅途中，苦難並不可怕，受挫折也無須憂傷。只要心中的信念沒有萎縮，你的人生旅途就不會中斷。

艱難險阻是人生對你的另一種形式的饋贈，坑坑窪窪也是對你意志的磨練與考驗——大海如果缺少了洶湧的巨浪，就會失去雄渾；沙漠如果缺少了狂舞的飛沙，就會失去壯觀；如果維納斯沒有斷臂，就不會因為殘缺美麗而聞名天下。生活如果都是兩點一線般的順利，就會如白開水一樣平淡無味。只有酸甜苦辣鹹五味俱全才是生活的全部，只有悲喜哀痛全部經歷才算是完整的人生……

所以，你要從現在開始，微笑著面對生活，不要抱怨生活給了你太多的磨難，不要抱怨生活中有太多的曲折，更不要抱怨生活中存在的不公。當你走過世間的繁華與喧囂，閱盡世事，你會明白：痛苦，是人生必須經歷的過程！

聰明的人主動吃虧

清代名人鄭板橋曾有兩句至理名言，一是「難得糊塗」，一是「吃虧是福」。吃虧是福可以理解為一種積極的心態，一種恬淡處世的行為，強調以豁達的心態應對一切。有的人吃了虧坦然應對，有的人吃了虧斤斤計較，這取決於一個人的生活態度。

一本萬利的生意應該多做，但人生想要收穫就必先有所付出，在這個過程中吃些「虧」、捨一些「本」就在所難免。適當的時候自己吃虧，卻可以使你的朋友、同事、上級受益滿足，他們就會記得你的「好」，「得道多助」，那麼，你就會比旁人得到更多的人緣和成功的機會。

生活在東漢前期的甄宇，祖籍為山東省安丘縣。他從小就特別喜歡讀書，對於儒家的經典無所不讀。隨著年齡漸長以後，就專門研究孔子編著的《春秋》，在學問上有獨到的見解，在思想上完全尊奉孔子，在行動上也遵照儒家提倡的道德去做，因而他的名聲在鄉里很好。光武帝劉秀建武年間，朝廷聽說甄宇很有學問，又待人寬厚，就把他徵召到京城洛陽，任命他為博士。博士是教授官，在當時最高學府太學裡任職，為太學生講授儒家經典。古時候，每年農曆十二月初八為臘日節，是祭祀百神日子。每至臘日，光武帝劉秀都要向太學頒詔，表示慰問，並賞賜每個博士一隻羊，以資鼓勵。

第二章

有一年，又到了臘日節，光武帝派大臣到太學裡去慰問。大臣宣讀詔書說：博士們講學兢兢業業，焚膏繼晷，十分辛苦。現在每位博士賜羊一隻，帶回家中，與家人團聚，歡度節日。詔書宣讀完畢，博士們叩頭謝過聖恩，隨後使臣命隨從把羊群趕進了太學院中，點過數目，交給太學的長官祭酒，祭酒和博士們高興的送走了使臣。等到祭酒回到院中，細一打量羊群，心中就犯了難。羊正好是十四隻博士也正好是十四位，一人一隻，有什麼為難的呢？原來這些羊有大有小，肥瘦不一，可怎麼往下分呢？分到肥羊的，當然會高興。而分到瘦羊的，難免會說分配不公，待人有親有疏，他想來想去，也沒有想出一個萬全的辦法來。

最後，只好把博士們都召集起來，讓大家商量一個眾人都滿意的方案。有個博士說：「羊本來就有肥有瘦，如果每人領一隻，怎麼也不會平均。依我看，不如把羊宰了，大家分肉，每人一份，肥瘦搭配，就不存在不合理的事了。」這個主意，有的人贊同，但多數人不同意，認為這大過節的，血淋淋的肉不方便帶回家裡。

這個時候，又有一個人出了個主意，他說：「還是抓鬮的辦法好，誰攤上什麼樣的就領什麼樣的，大小肥瘦全憑運氣，也就不會有怨言。」在眾人七嘴八舌爭論的時候，甄宇靜靜的站在一旁，他想：殺羊分肉，抓鬮取羊，都有損博士的聲譽，會讓世人恥笑的。於是對祭酒和眾多博士高聲說道：「還是一人帶一隻吧。讓我先牽第一隻。」說著就走向了羊群。對於甄宇的話，大家正在懷疑觀望之中，只見他在羊群中選來選去，最後挑了一隻最瘦小的。大家看到這種情形，就沒人再爭執了，都你謙我讓，爭著挑選小而瘦的羊。

京城裡的人都讚揚甄宇，管他叫「瘦羊博士」。這件事情很快傳到皇宮，皇帝聽說了這事也很是高興，於是就下詔書給予褒獎，在後來還提拔了甄宇，並委以重任。甄宇識大局的去選擇了別人不願吃的「虧」，結果呢？他得到別人得不到的東西，真可謂是「一本萬利」呀！

老子《道德經》中說：「聖人後其身而身先，外其身而身存。非以其無私耶！故能成其私。」意思就是說：有道的人把自己置之於後，反而能在眾人之中領先。把自己置之度外，反而能安然存在。這不是因為他無私嗎？所以成就了他的自身。老子的觀點是：無私才能成就有私，肯吃虧者多回報。老子告訴人們不要怕吃虧了。「有所失才能有所得」。為人處世要做好感情投資。只有不怕吃虧，敢於舍些本錢，去照顧大家情面或者幫助別人一把，才能與人和諧相處，並贏取別人的信任，使自己處處受歡迎。這樣才會在人生更多的對弈過程中，加大勝出的砝碼。

吃虧是一種明智的、積極的處世方法。天下沒有白吃的虧，吃虧可使你得到幫助，獲得友情，獲得財富，甚至改變命運。被稱為「清初散文三大家」之一的散文家魏禧曾說過：「我不識何等為君子，但看每事肯吃虧的便是。我不識何等為小人，但看每事好便宜的便是。」由此得知，學會吃虧，善於吃虧，樂於吃虧，這絕不是一個人無能、無用、無知的表現，基本上這也是一個人的品行好否，行為善否的真實寫照。德不高者不甘吃虧，心不誠者不願吃虧，品不正者不肯吃虧，行不端者不能吃虧！如果從正面說，聰明的人才甘於吃虧，高尚的人才樂於吃虧，偉大的人，才肯終生吃虧。

過於計較，得失心太重，反而會捨本逐末。當失誤擺在面前，而且很快的找到教訓後，就應該迅速將這件事沉澱下來了，過多的計較會使自己陷入對過往的沮喪情緒裡，這種情緒會遏止我們的自信，甚至影響判斷。因此，吃虧也是一種自信的表現。我們擁有的不必很多，重要的是擁有一個得失的準則，幫我們在複雜中找到那麼一點簡單，在躊躇中找到那麼一點依據。如果把吃虧當做一個途徑，那確實需要付出勇氣，也需要策略。二者相加，就會獲得自信，而不是患得患失的焦慮。

在漫漫人生路上，沒有一帆風順，每一個成功的人，都是一步一腳印慢慢登上高峰的。這個世界上沒有那麼多的完美，通往成功的路必然是曲折崎嶇，風雨險阻。不經歷風雨，哪能見彩虹？不過應該記住一點：吃虧是福，愛占小便宜的人往往是吃大虧的人。崇尚吃虧是福！任何一個有作為的人，都是在不斷吃虧中成熟和成長起來的，從而變得更加聰慧和睿智！樂於吃虧既是一種境界，又是一種自律和大度，更是一種人格上的昇華，只有確立了這樣堅強信念的人，才是獲得了永遠幸福、永遠自由的人。

第三章

不要靠饋贈去獲得朋友。你須貢獻你誠摯的愛，學會怎樣用正當的方法來贏得一個人的心。

——蘇格拉底

（古希臘哲學家、思想家、教育家。蘇格拉底的學說主要透過其學生柏拉圖和色諾芬的著作流傳下來。他和柏拉圖以及柏拉圖的學生亞里斯多德被稱為「古希臘三賢」，後世公認的西方哲學奠基人。）

感情是每一個人的軟肋

常言道：「受人滴水之恩當湧泉相報。」人與人之間的感情在我們的生命中有著重要的位置，它甚至能夠改變我們的人生軌跡。而投資感情其實是一件很簡單的事。多數人對小事是不太在意的，甚至不屑一顧。事實上，如果你在小事上關懷別人，那對當事人來說，意義就很不一般。因為不僅是患難見真情，在日常瑣事上，一樣可以看出你對人的態度是友善還是冷漠，也更能獲得別人的認同和感激。

有一對老夫婦在一個風雨交加的晚上來到一家旅館，但卻被一位年輕的服務生告知客房已經滿了。老先生無奈告訴服務生：「我們是從外地來的遊客，人生地不熟，又在這樣的雨天，真不知道怎麼辦！」現在是旅遊旺季，即使在附近其他旅館訂到客房，也十分不易。年輕的服務生不忍心讓兩位老人重新回到雨中去。他說：「如果你們不嫌棄的話，可以住在我的房間裡。」「這太打擾你了！」「我要在這裡工作到明天早晨，請放心，你們不會給我造成任何不便。」服務生邊說，邊將酒店的值日表指給老人看，證明自己確需加班，以打消他們的顧慮。老夫婦高興的答應了。

第二天早上，他們想給服務生付房費，服務生婉言謝絕。老先生感歎道：「你這樣的職員是任何老闆都夢寐以求的。我將來也許會為你建一座旅館。」服務生笑了笑，他以為這只是一個玩笑。過了幾年，服務生忽然收到那位老先生的來信，邀請他到紐約曼哈頓，並附上了往返機票。到了曼哈頓，老先生將他帶到一幢豪華的建築物前面，說：「這就是我專門為你建造的飯店。」許多年過去了，這家飯店發展成為今日美國著名的華爾道夫．阿斯多利亞飯店。那個年輕的服務生就是該飯店的第一任總經理喬治．伯特。

喬治．伯特的幸運不是偶然的，完全是因為他對陌生人的熱情幫助，贏得了他們的信任，這就是人與人之間最質樸的感情。喬治．伯特找到了感情這根所有人的軟肋，從而以小搏大，收穫成功。

在我們的生活中，不是每個人都有碰到大事的機會，更多的人只是在平凡的小事中度過了一生。所以，如果你保持了對別人的興趣，處處從小事上展現對他人的關懷，就會贏得別人的信任。你在一些不經意的小事上展示你的誠意，別人會在驚喜之餘，獲得一份感動。

李白是歷史上浪漫主義詩人的代表，西元七四二年，唐玄宗連下三道詔書，徵召李白入京。李白畢生都嚮往著建功立業，以為這一回可以大展鴻圖。於是，意氣風發的來到了長安。唐玄宗召見了他，一切森嚴的禮儀全部免除了，他親自坐著步輦（一種代步工具）前來迎接。當李白到來時，他從步輦上下來，大步迎了上去，迎入大殿之後，又以鑲嵌著各種名貴寶石的食案盛了各種珍貴佳餚來招待李白，大約是怕所上的一道湯太熱，會燙著李白，唐玄宗竟然御手親自以湯匙調羹，賜給李白，並對他說：「卿是一個普通讀書人，可你的大名居然傳到我的耳中，若不是你有著超凡的詩才，怎麼能做到這一點？」接著又賜他一匹天馬駒，宮中的宴會或巡遊，都讓李白陪侍左右。

一個普通的詩人，無官無職，能夠得到皇帝的召見和賜宴，已是非常的禮遇了，而降輦步迎、御手調羹，更是曠古的隆恩。雖然李白這一次來長安，在仕途上並沒有多大發展，最後還被客客氣氣的送出了長安，但唐玄宗的這一次接見，卻在李白心中留下了永不磨滅的印象，使他終身引以為豪，至死都念念難忘。

清末民初，身為一代梟雄的「北洋之父」袁世凱在統御部下方面也很注重感情投資。早在小站練兵時期，他就從天津武備學堂物色了一批軍事人才。其中最著名的有三個人：段祺瑞、馮國璋、王士珍。後來這三個人都成了北洋系統中叱吒風雲的人物。袁世凱為了讓他們對自己感恩戴德，供其利用，可謂煞費苦心。

袁世凱在創辦新軍時，相繼成立了三個協（旅）。在選任協統時，他宣布採用考試的辦法，每次只取一人。第一次，王士珍考取。第二次，馮國璋考取。從柏林深造回國的段祺瑞，自認為學問不凡，卻連續兩次沒有考取，對段祺瑞來說，只有最後一次機會了。第三次考試前，他十分緊張，擔心再考不上，就要屈居人下，心中十分不快。第三次考試前一天的晚上，正當段祺瑞悶悶不樂的坐著發呆時，忽然傳令官來找他，說是袁大人叫他去。段祺瑞不敢怠慢，立即前往帥府，進見袁世凱。袁世凱令他坐下，東拉西扯，說了些不著邊際的話。臨走，袁世凱塞給段祺瑞一張紙條，段祺瑞心中納悶，這紙條是什麼呢？又不敢當面拆開看。急忙回到家中，打開一看，不覺大喜，原來是這次考試的試題。段祺瑞連夜準備，第二天考試時，胸有成竹，考試結果一出來，果然高中第一名，當了第三協的協統。段祺瑞深感袁世凱是個伯樂，對於自己有知遇之恩，決心終身相報。段祺瑞談起當年袁世凱幫他渡過難關的事，仍感恩不盡，誰知馮國璋、王士珍聽了，不覺大笑，原來王、馮二人考試時也得到過袁世凱給的這樣的紙條。

袁世凱這種辦法，可謂妙不可言，既可以使提拔的將士感恩，又能使沒升官的將士心服口服，便於統率，還給被提拔者創造了很高的聲譽。感情投資，最常見於上下級之間。作為上級，只有和下級做好關係，贏得下級的擁戴，才能調動起下級的積極性，從而促使他們盡心盡力工作。俗話說：「將心比心」，你想要別人怎樣對待自己，那麼自己就要先怎樣對待別人。只有先付出更多的關愛和真情，才能收到一呼百應的效果。

己所不欲，勿施於「友」

曾聽過這樣一句話：「比沒有錢更難過的事就是沒有朋友。」說明朋友對於一個人來說有多重要。好朋友就像是一種稀缺資源，沒有人願意失去。因為有了朋友，世界才會精彩；有了朋友，哪怕你什麼都沒有，也可以痛痛快快哭，可以瀟瀟灑灑笑起來。

鴻海集團總裁、富士康科技集團創辦人郭台銘給兒子娶老婆時，曾經在主婚時感性說到他這一生享用不盡的財富：

第一是爺爺取的名字「守正」，意謂做人要正直。

第二是奶奶教導的「精明」，但做人不要忘記厚道。

第三是友情，這是郭家壯大所依賴的永遠財富。

每一個成功的人身後，一定有許多朋友在支持著他，所以我們應該珍惜身邊的每一個朋友。好朋友不求多，但求交心。一個人一生中有幾個知心的朋友，將是一件非常幸福的事情。

在古代，俞伯牙和鍾子期相交的故事為人們所傳誦。

伯牙的琴術很高明，一天，伯牙彈琴的時候，想著在登高山。鍾子期聽到了，說：「彈得真好啊！我彷彿看見了一座巍峨的大山！」接著伯牙又想著流水，鍾子期又說：「彈得真好啊！我彷彿看到了汪洋的江海！」每次伯牙想到什麼，鍾子期都能從琴聲中領會到伯牙所想。有一次，他們兩人一起去泰山遊玩，途中突然下起了暴雨，於是他們來到一塊大岩石下面避雨。好好的行程被大雨打斷，伯牙心裡突然感到很悲傷，於是就拿出隨身攜帶的琴彈起來。開始彈綿綿細雨的聲音，後來又彈大山崩裂的聲音。每次彈的時候，鍾子期都能聽出琴聲中所表達的含義。伯牙於是放下琴感歎的說：「你真是我的知己啊！無論我心中想什麼，都逃不過你的耳朵。」當鍾子期去世後，俞伯牙悲痛萬分，認為知音已死，天下再不會有人像鍾子期一樣能體會他演奏的意境。所以，終生不再彈琴了。

是啊，人的一生能有幾個真心朋友呢?在我們身邊像鍾子期了解俞伯牙一樣懂我們的朋友，是少之又少的。有的人可能有幾個，有的可能只有一個，有的甚至沒有。可有的時候，我們往往會認為友情是取之不盡、用之不竭的資源。於是，大肆的浪費、透支著這一資源，總認為來日方長，以後補償的機會多的是。然而，不是所有的友情都會等你去補償，也不是所有的友情都會給你補償的機會。你對朋友的索取，朋友對你付出，應該是成正比的，而不是你無條件的享受朋友帶給你的任何給予，這樣做的後果就是你們的友情被透支！

有個朋友接手了一個雜誌社，由於社裡的資金並不富裕，不僅人手少，稿費也不高，但是他又不願意因為稿費的因素降低雜誌的水準。最後雜誌社面臨著關門的危險。這時候，他想起了自己的一些作家朋友，於是就運用朋友的交情邀請朋友給他寫一些稿子。起初，朋友看他有難處，都慷慨解囊，有的甚至放下自己手頭正在做的稿子，也先幫他完成。漸漸的，他的雜誌社有了起色，開始盈利。這期間他也想過給朋友稿費，可是看著各項支出，又想，反正是朋友，不用白不用。後來當他再一次向一個朋友約稿的時候，那個朋友找理由推辭了，到最後，沒有一個朋友願意為他寫了，其中一個朋友和他說：「我站在朋友的立場幫你，但是你這樣做是在透支人情。」

也許你聽說過信用卡會透支，你一定沒有想到友情也會透支。朋友之間，再好的關係，也是要講情分的。友情是很微妙的一種東西，是需要我們用心來經營的。就像是我們在銀行開帳戶，你只存入很少的錢，卻不斷取款，到最後帳戶就會全部歸零，朋友就不能再為你提供幫助。每個人都有自己的生活和事情，我們對朋友的付出，能做到的也是非常有限的。同樣，對朋友作過分要求，是無知的苛求。朋友的扶持只能視作一時應急，不是長期接濟。不論再失意、再頹廢、再辛苦，我們都不能想當然的永遠倚靠朋友。做一個自立自強的人，相信不但能夠有更多的朋友願意幫助你，你也會得到朋友的尊重。

真正的好朋友多半超不過五個，既然是資產，你就必須要經營，付出時間、努力和精力。一味索取，只能令你的朋友資源越來越貧乏。有的人在沒有朋友的時候，渴望擁有眾多的朋友，渴望友情；一旦擁有了朋友，卻不懂得去珍惜，這是不對的。只要擁有了朋友，我們就應該要好好珍惜這份難得的友情，哪怕是在朋友無意間傷害了你的情況下。讓我們看看下面這個故事，或許會讓你受到一些啟發：

兩個朋友在沙漠中旅行，旅途中的某處他們吵架了，一個還給了另外一個一記耳光。被打的覺得受辱，一言不語，在沙子上寫下：「今天我的好朋友打了我一巴掌。」他們繼續往前走，直到到了水邊，他們決定停下。被打巴掌的那位差點被淹死，幸好被朋友救了起來。被救起後，他拿了一把小劍在石頭上刻下：「今天我的好朋友救了我一命。」一旁好奇的朋友問他說：「為什麼我打了你以後，你要寫在沙子上，而現在要刻在石頭上呢？」另一個笑著回答說：「當被一個朋友傷害時，要寫在易忘的地方，風會負責抹去它；相反如果被幫助，我們要把它刻在心靈的深處，那裡任何風沙都不能抹滅它。」

這個故事雖然只是個傳說，但在現實生活中也不難碰到類似的例子。當你被朋友羞辱時，你是像故事中「被打」的那個人那樣不去計較，繼續與他同行呢？還是忍受不了朋友的羞辱，與他拳腳相向，從此成為陌生人呢？如果選擇了後者，那麼，你將失去一個好朋友，或者在你遭遇不測時，也不會得到朋友的援助。

在與朋友相處的過程中，我們要時時、處處、事事容忍朋友的缺點和不足，懂得珍惜朋友之間的那份難得的情誼。因為朋友的相處，傷害往往是無心的，幫助卻是真心的。我們不妨忘記那些無心的傷害，銘記那些對自己的幫助，懂得珍惜友情，你會發現這世上你有很多真心的朋友，也會得到朋友對你的真心的幫助和照顧。朋友是人一生中不可或缺的一部分，每個人都需要朋友，每個人都需要被理解，被關懷，特別是在當今這個物欲橫流、人際關係日漸淡漠的社會，更需要我們每個人去善待朋友，去珍惜來之不易的友情。

慰藉處在人生低谷的朋友

失敗和成功，同屬人生的部分，就像峽谷和高山同屬地球的一部分那樣。經常會有人在失敗面前意志消沉、自暴自棄，有的甚至悲觀厭世，走上絕路，可見失敗對人的打擊有多大。

不能接受失敗，也意味著太想成功了，從心理學上解釋，一個人的期望值越大，心理承受力就會越小，就越經受不住失敗的打擊，也就越容易失敗，還不如胸懷一顆平常心：「但行好事，莫問前程」，往往成功的概率反而更大些；當你發展的事業或從事的行動窮途末路大勢已去的時候，與其在那裡苦苦掙扎，礙於面子硬撐，倒不如微笑著面對，告訴自己，我這次失敗了，重新開始吧！如果一個人失敗的時候，你能及時給予慰藉，幫助他走出陰霾，事後他必定對你感激不盡，視為知己。這時，如果你遇到困難或者有什麼是他能提攜你的，他一定樂於幫忙，而且不求答謝。真正的朋友之間，就應該是這樣的。

凱文是英國著名的試飛駕駛員，他在空中表演的特技，令人歎為觀止。一次，他表演完畢準備降落，在距地面九十多公尺高的空中有兩個引擎同時失靈。幸虧他反應靈敏，技術高超，飛機才奇蹟般的著陸。凱文緊急著陸之後，第一件事就是檢查飛機用油。正如他所預料的，他駕駛的那架螺旋槳飛機，裝的卻是噴氣機用油。凱文立即召見那位負責保養的機械工。年輕的機械工早已痛苦不堪，一見凱文更嚇得直哭。因為他的過失險些送了三個人的性命。這時，凱文並沒有像大家預料的那樣大發雷霆，他只是伸出手抱住維修工的肩膀，信心十足的說：「為了證明你能做得好，我想請你明天幫我的 F-51 飛機做維修工作。」

從此，那位馬馬虎虎的維修工在為凱文工作的時候兢兢業業，一絲不苟，凱文的飛機再也沒有出過差錯。凱文僅僅是在這位維修工失誤時說了一句寬慰的話，給了他一次證明自己的機會，但凱文卻由此收穫了一位他最可以信賴的好幫手。

當人遇到打擊，暫時失敗時，挫折感使他需要從別人那裡獲得理解和慰藉。而你在這時給予他真誠的理解和慰藉，就可以使他起死回生。當擺脫窘境後，他怎麼會不感激你呢？

日本有一位國會議員，因沒有成功推進國防建設而在競選中慘敗。落選後，議員心煩意亂，但是一位素不相識的人給他留下了終生難忘的印象，那人充滿信心的望著這位落選議員的眼睛說：「要忍耐，看下一回。」然後轉身離去，這位議員事後說：「等知道怎麼回事，我總覺得這位不速之客的那句話是道陽光。他分明告訴我，他相信我有機會就會再競選，而且會做得更好。」後來這位議員果然當選了。他當選後說：「我第一個要感謝的就是那位信心十足的望著我的眼睛，快活的對我說下一回的先生。」事後議員多方尋找，終於找到了那個人，並讓他成為自己的助手。就這樣，那位先生只因為一句鼓勵的話，便從此平步青雲，登上了政治舞台。

安慰失敗的人，要真正能給他留下深刻的印象，並在他身上產生實際的慰藉，就一定需要有對他人最深的理解、最大的同情和最堅定的信任。只有這樣，才能收穫最真摯的情誼和最理想的報答。

那麼，要如何給予失敗者慰藉，幫助他走出失敗呢？

首先，說明他正確認識失敗。正確的認識失敗，並不是一件容易的事情。當自己處在旁觀者的地位，看到別人遭遇失敗時，或許有時還能作出一些較為正確的分析；而當失敗降臨到自己的頭上時，要能有正確而清醒的認識則就很不容易了。在失敗情況下許多不理智的反應，不正確的行動，都是與缺乏對失敗的正確認識有關的。因此，我們就應當有正確的失敗觀。其次，認識到失敗的雙重性。失敗會給人以打擊，帶來損失和痛苦；但也能使人奮起、成熟，從中得到鍛鍊。失敗既有消極的一面，也有積極的一面。化學家韓弗理·大衛在分解鉀、鈉等鹼金屬的時候，經過幾個月緊張危險的實驗，在最後一次實驗中，發生了意外爆炸。他的臉被炸傷，左眼失明，但卻獲得了最後的成功。後來他說：「感謝上帝沒有把我造成一個靈巧的工匠，我的最重要的發現是由失敗給我的啟發。」大衛是從失敗之樹上摘取了勝利之果，伴隨著不斷的失敗，他得到了成功。

生活中的失敗和磨難，並不都是壞事。平靜、安逸、舒適的生活，往往使人安於現狀，安於享受；而失敗和磨難，卻能使人受到磨練和考驗，變得堅強起來。「自古雄才多磨難，從來紈褲少偉男」，道理大概就在這裡吧。

懂得接受失敗的就是懂得人生真諦的人，就是對「虛懷若谷、謙虛謹慎」八個字真正理解的人，也只有懂得接受自己的失敗，才能更好去發揮自身優勢，也才能夠更好去實現自我，接受失敗等於回歸真實的自我，接受失敗等於打破完美的面具，接受失敗等於放鬆自己高壓的心理，接受失敗也等於給了自己從零開始的機會，接受失敗更是一種智者的宣言和吶喊；勇於接受自己的失敗，告訴自己，這就是現實，也許不是自己該去發揮的地方，還是讓自己到最適合自己戰鬥的方面去吧！勇敢的接受自己的失敗，會讓你的心態更平和坦然，會讓你心無旁騖，更會讓你的心靈得到解脫和撫慰。

不敢接受失敗的人，往往是那些追求完美的人，不敢面對自己的不完美，總是擔心自己的失敗，往往為了自己的成功，而處心積慮前怕狼後怕虎，選擇逃避，選擇被動去面對生活。鳥兒愛美，不僅需要羽毛之美，還需要鳴聲婉轉之美；魚兒愛美，不僅需要鱗甲之美，還需要浮沉活潑之美；人愛美，不僅需要服飾居室之美，還需要心靈品德之美。

理解才能溝通

法國著名教育家盧梭說：「人在心中應該設身處地想到的，不是那些比我們更幸福的人，而是那些比我們更值得同情的人。」理解在於溝通，能以同情心替他人著想，學會同理心，會很好的幫助你去理解他人，這樣能化解很多矛盾，使很多問題迎刃而解。人人都希望被人理解，不被人誤會，但是自己能夠理解別人嗎？事實上這是一個很難的問題。正因為如此，有些人才喊出「理解萬歲」的口號。

理解，是讓乾涸的心靈重新汩汩長流的甘露，是開啟人與人之間和諧之門的鑰匙。理解，不僅是人們應有的美德，更是人們應有的責任。一個善意的眼神，一句鼓勵的話，一絲甜美的微笑，一個親切的手勢，都可使他人的內心感到無比的溫暖。正是由於被人理解，才會使他人覺得自己不再是孤單一人，還有人在熱情的支持自己，這就讓他人有不斷向前的動力，使自己每日都有積極的態度去對待身邊的一切。理解他人可使自己變得心平氣和，樂觀面對生活中的困苦，使自己在人生道路上不斷奮進。

俄國作家屠格涅夫在一次外出散步時碰到一個窮人向他乞討，他在衣袋裡摸了半天，然後抱歉的說：「兄弟啊，實在對不起，我沒帶吃的東西，錢包也丟在家裡了。」乞丐突然緊緊的抓住屠格涅夫的手，一個工夫的說：「謝謝你，謝謝你，太謝謝你了！」屠格涅夫奇怪說：「你謝我什麼呢，我什麼也沒有給你啊。」乞丐激動說：「我本想找點東西吃然後去自殺，沒想到你竟然稱我為兄弟！還向我表示歉意，你給了我活下去的勇氣。」

生活中，理解別人的最好辦法就是同理心，那如何同理心呢？

所謂同理心，其實就是理解別人的想法、感受，從對方的立場來看事。曾經有個心理學家為了了解「嬰兒為什麼在人多的場合哭」這個問題，他就蹲下來從嬰兒的位置看世界。他發現嬰兒沒辦法看到別人的臉，只能看到大家的腿。這時他才知道嬰兒處在一個充滿腿的世界，怎能不哭呢？對於大家來說也是一樣的。當家長或老師批評自己後，如果心裡有氣，不妨換一個角度設身處地為他們想一想：如果你是他們，碰到這種情況，會怎麼想，怎麼做呢？這樣，既可以理解家長、老師對你的關心、愛護的態度；也可以調節自己不高興的情緒，有利於身心健康；還可以知道自己錯在哪裡，從而改正錯誤。俗話說：「將心比心」，就是這樣的。在現實生活中，設身處地的理解他人至少有四個好處：

第一，成長知識。經過傾聽和真心理解，可以從他人那裡學到更多的知識、更豐富的經驗和更新穎的想法，並可以基於他人的立場來重新思考和改進自己的想法。因此，理解他人是得到更多知識、謀求自我改進的一個重要途徑。

第二，增強說服力。當你理解了他人後，如果你們的想法仍有分歧，你就可以更有說服力的表達自己的意見——因為你已經透過傾聽和理解贏得了他人的信任，對方也知道你已經徹底了解了他的想法，所以，他也會盡量尊重並理解你的想法，甚至讓你來影響他。

第三，豁達心胸。對於不同視角、不同觀點的傾聽和理解，可以拓寬自己看待問題的方式，可以讓自己成為一個更開明的人。凡事謀之於眾，可以避免鑽牛角尖，避免錯過獲得更好的想法的機會。如果時時刻刻都能尊重和理解別人的選擇，不過高要求別人，就可以豁達心胸，提高自己的涵養和境界。

第四，贏得認可。最重要的是，理解和尊重他人，就能得到他人的認可。所謂「認可」，就是人們會因為你的傾聽和理解而大力支持你。而且，只要你真心理解他人，就算你最後沒有採納對方的意見，他們也不會對你的誠意產生任何疑問，不會擔心你因為缺乏足夠的資訊而道聽塗說或作出過於武斷的決策。對於制定決策的領導者來說，是否悉心傾聽往往比是否採用某個具體意見更能贏得他人的信任和支持——這也是提升領導力的一大祕訣。

理解他人許多時候需要寬容。寬容不是與生俱來的，它需要錘煉。寬容是一種胸懷，心裡裝著別人，顧全大局，給人面子，不計較個人得失；寬容是一種眼光，有知人之明、知世之明和自知之明的人，比較容易做到寬容；寬容是一種技巧，掌握了寬容就會給自己創造一個寬鬆的心理氛圍，從容不迫的處理人際問題。

理解是愛，理解是相互的。每個人都有自己內心的情感世界，都希望得到別人的理解，也希望理解別人。假如你真誠的理解別人，會意外的發現你得到的理解要比過去多得多。日常生活中，理解的分量是厚重的，孩子理解父母真心的愛，能給家庭帶來無限的溫馨和享之不盡的天倫之樂；同學之間相互理解，會給群體帶來生機勃勃，增強群體的凝聚力；師生之間相互理解，就不存在代溝……在人際交往中學會理解，才能做到善待他人和朋友。

有兩個真實的親情故事值得我們思考。

有個母親惦記著兒子的生日，一下班，買了蛋糕就往家裡趕，半路上，自行車碰了石頭，蛋糕摔壞了，人也摔傷了。兒子見不到蛋糕，大哭大鬧，怪母親在同學們面前丟他的臉，母親也哭了；有個中學生看到媽媽變老了，身體也不如以前了，想到這是為自己的成長付出的代價，她想在即將到來的母親節送一份禮物給媽媽，送什麼呢？無意中，她翻開相簿，看到媽媽年輕時美麗動人的形象，她哭了。她悄悄的把相片拿去放大，又鑲上一個漂亮的鏡框，母親節那天，她把鏡框放在家裡最顯眼的地方。媽媽回來一看就哭了，女兒撲進媽媽的懷抱，感到媽媽的淚是甜的。兩個媽媽都哭了，但其中的淚水一個是苦的，另一個是甜的，相信每個人心中都能體會到。

在我們生活的這個五彩繽紛的世界裡，理解和尊重是一種美德，正是這種美德的存在，人們之間才有了愛。正是由於人們之間相互理解，感情才能更融洽，事業才會取得成功，人際關係才會越來越和諧。

丟掉嫉妒，學習他人的長處

嫉妒者的痛苦是雙倍的，自己的不幸和別人的幸福會使他痛苦萬分。嫉妒是一種卑劣的心理狀態。嫉妒者凡事唯恐別人比自己強。看到別人超過自己，他不怪自己不努力、不進取，只怨別人有本事，只恨別人比自己強。這種怨恨情緒，常會導致一些帶有破壞性的行為。我們平時會見到如下的現象：如果你的腳步比我的快，我就設法拖住你的腿；如果你走的順利，就變著法兒擋住你的道；如果我的工作有失誤，就盼著你的工作也出差錯；如果你獲得榮譽和成就，就給你搞誹謗和抹黑，如此等等。

古往今來，嫉妒就像禍水，不知害了多少人。

戰國時龐涓與孫臏曾一起學習兵法，但龐涓學業不如孫臏。龐涓在魏國任將軍時，擔心孫臏帶兵後對自己不利，於是派人將孫臏請到魏國，設計陷害，使孫臏受到挖去膝蓋骨的酷刑，成為殘廢；被後人尊為「中醫祖師」的扁鵲醫術精湛，享有盛譽。他到秦國時，秦國的醫官怕扁鵲治好秦王的病，顯得自己無能，便派人把扁鵲刺殺了；韓非是戰國法家思想集大成者，秦王嬴政讀了他的著作讚歎不已，非常想見他。韓非來到秦國後，與韓非同出一師之門的秦相李斯，不願韓非受到秦王的器重，就進讒言陷害韓非入獄，使之被迫自殺。

妒火燃燒，還會毀掉事業。

在楚漢戰爭之初，項羽勢力要比劉邦大得多，然而結果卻是項羽被劉邦打敗。劉邦在一次酒宴上與群臣探討項羽失敗的原因。有人指出：「項羽妒嫉賢能，有功者害之，賢者疑之，戰勝而不予人功，得地而不予人利，此所以失天下也。」項羽的嫉妒賢能，使他隊伍離心離德，力量日益削弱，最後徹底失敗，斷送了大業。

無數事實證明，嫉妒對人際關係和事業的危害實在是太大了。古語云：「善莫大於恕，惡莫大於妒。」把嫉妒列為最大的惡行，是很有道理的。我們在人生旅途上，應該把「克服嫉妒」作為自己的座右銘。嫉妒不僅害人，而且能嚴重傷害自己。當人嫉妒心大發之時，心中不安，睡不好，吃不香，工作消極，脾氣陰沉，正常的人際關係也會扭曲。嫉妒還會使人脾胃不和，腸胃系統紊亂，三叉神經受到刺激，血壓心臟都會受到影響。長期或隔一段時期妒性發作一次，使人健康大受影響。可以想像，經常嫉妒別人的人，其生活肯定充滿沮喪。那麼，生活中我們應該怎樣調節嫉妒心理呢？

第一，胸懷大度，寬厚待人。十九世紀時，音樂家蕭邦從波蘭流亡到巴黎。當時匈牙利鋼琴家李斯特已蜚聲樂壇，蕭邦還是一個默默無聞的小人物，然而李斯特對蕭邦的才華卻深為讚賞。怎樣才能使蕭邦在觀眾面前贏得聲譽呢？李斯特想了一個妙法：那時候在演奏鋼琴時，往往要把劇場的燈熄滅，一片黑暗以便使觀眾能夠聚精會神的聽演奏。李斯特坐在鋼琴面前，當燈一滅就悄悄的讓蕭邦過來代替自己演奏。觀眾被美妙的鋼琴演奏征服了。演奏完畢，燈亮了，人們既為出現了這位鋼琴演奏的新星而高興，又對李斯特推薦新秀深表欽佩。

第二，自知之明，客觀評價自己。當嫉妒心理萌發時，或是有一定表現時，能夠積極主動調整自己的意識和行動，從而控制自己的動機和感情。這就需要冷靜的分析自己的想法和行為，同時客觀的評價一下自己，從而找出問題。當認清了自己後，再評價別人，自然也就能夠有所覺悟了。

第三，快樂之藥可以治療嫉妒。快樂之藥可以治療嫉妒，是說要善於從生活中尋找快樂，就像嫉妒者隨時隨處為自己尋找痛苦一樣。如果一個人總是想：比起別人的歡樂來，我的那一點快樂算得了什麼呢？那麼他就會永遠降於痛苦之中，陷於嫉妒之中。

第四，少一份虛榮心。虛榮心是一種扭曲了的自尊心。自尊心追求的是真實的榮譽，而虛榮心追求的是虛假的榮譽。對於有嫉妒心理的人來說，主要是愛面子，不願意別人超過自己，以貶低別人來抬高自己，正是一種虛榮，一種空虛心理的需要。單純的虛榮心與嫉妒心理相比，還是比較好克服的，而兩者又緊密聯繫，所以克服一份虛榮心就少一份嫉妒。

第五，自我抑制，是治療嫉妒心理的良藥；自我宣洩，是治療嫉妒心的特效藥。嫉妒心理是一種痛苦的心理，在還沒有發展到嚴重程度時，用各種方式宣洩來舒緩一下是相當必要的。在這種發洩還僅僅處於出氣解恨階段時，最好能找一個較知心的朋友或親人，痛痛快快的說個夠，暫求心理的平衡，然後由親友適時的進行一番開導，雖不能從根本上克服嫉妒心理，但卻能中斷這種發洩朝著更深的程度發展。若有一定的愛好，則可借助各種業餘愛好來宣洩和疏導，如唱歌、跳舞、下棋、書畫、旅遊。

要從根本上克服嫉妒，首先要胸懷豁達寬闊，對別人的成就和榮譽見賢思齊，而不貶人抬己；其次要有敢於競爭、勇於進取的精神，崇尚奮發有為，鄙視嫉妒行為。依靠自己奮鬥拚搏，堂堂正正的與對手比高低；再次要有自知之明。有自知之明的人，能正視自己的缺點。他們在別人的進步和業績面前，心境平和；最後要加強思想修養，克服個人主義和虛榮心，把別人的榮譽當做自己學習的榜樣和學習的動力，這是克服嫉妒的最好方法。

體貼他人，幸福自己

常言道：「患難見真情。」但人與人沒有患難就沒有真情嗎？或者去等待患難的機會建立感情？對於觀察人是否真心，友誼是否長久，「日久見人心」，這句話不無道理。友誼與關愛展現於生活中每一個平常的日子。在日常瑣事上，可以看出你對人的態度是友善還是冷漠。有這樣一個感人的童話：一個小女孩經過一片草地，看見一隻蝴蝶被荊棘弄傷了。她小心翼翼為牠拔掉刺，讓牠飛向大自然。後來，蝴蝶變成了仙女，向小女孩說：「你許個願，我將讓它實現。」小女孩想了想，說：「我希望快樂。」於是，仙女彎下腰來在她耳邊悄悄細語一番，就消失無跡了。小女孩果然快樂的度過了一生。她年老時，有人問仙女到底說了什麼，她只是笑笑說：「仙女告訴我，我周圍的每個人，都需要我的關懷。」

在生活中，大事不多，小事不少，人們從小事上展現對他人的關懷，隨時可以如願。由於小事不易記住，在一些不經意的小事上展示你的誠意，別人意外之餘，會有一種真心的感動。奧地利著名心理學家阿爾弗雷德·阿德勒寫過一本叫做《自卑與超越》的書，他在書中寫道：「不對別人感興趣的人，他一生中的困難最多，對別人的傷害也最大。所有人類的失敗，都出自於這種人。」阿德勒這句話真是意味深長。生活中很多很多的問題，就是因為一方不把另一方放在心上，或者雙方互相不把對方放在心上引起的，種種仇視和敵意，也由此而生，並帶來數不清的麻煩。

一個有錢的貴婦人對愛因斯坦抱怨：「誰都不喜歡我，她們說我太自私小氣。可是我的遺囑上已經寫好，要把我所有的財產捐給一家慈善機構。」愛因斯坦向這個貴夫人講了一個故事：一頭豬到牛那裡，對牛抱怨：「別人總是說你很友善，這點倒也沒錯，因為你給他們牛奶。可是他們從我身上帶走的東西更多啊，他們得到的香腸、火腿、肉不都是我的嗎？連我的豬蹄都拿去燉了！可是，誰都不喜歡我，對人來說，我就是一隻讓人討厭的豬！怎麼會這樣呢？」牛想了一會兒說：「可能是因為我在活著的時候就已經幫助他們了。」

愛因斯坦說的這個寓言故事用意很清楚，要在平時多給別人幫助。「佛爭一炷香，人爭一口氣」，待人用人，不僅當別人有困難的時候，要伸手援助；平時心裡也要始終裝著他人的冷暖。匆匆從這個世界走過，我們中絕大多數過著平凡的、不為人注意的生活，沒有眾星捧月的迎候，沒有書刊報紙的功德記錄。然而這一切都不能否定我們存在的價值，不能否定我們人生的意義，因為生活中有很多人需要我們，需要我們的鼓勵，需要我們的呵護，需要我們的關懷。

關懷他人，會使自己的存在更有價值，會使自己的生命更有意義。關懷他人是美好心靈的展現，是大愛的昇華，正如德蕾莎修女所說：「我們都不是偉大的人，但我們可以用偉大的愛來做生活中每一件平凡的事。」也許只有我們像德蕾莎修女一樣，幾十年如一日，用自己的愛去關心他人時，我們平凡的人生才會閃現出不平凡的光彩。關懷他人並不需要轟轟烈烈的舉動，誠然救他人於危難之間的壯舉值得歌頌，可大多數情況下我們沒有這樣的機會。生活中我們要做的也許僅僅是一個微笑，一聲讚美，一個輕輕的擁抱，一個依靠的肩膀。不要低估了這些微小的動作，所有這些都有可能給一個人帶來溫暖，帶來希望。生活中我們總有那麼多的機會給他人一點關懷，讓別人因你的存在而溫暖。關懷他人有時會給我們帶來麻煩，可它也會讓我們終生受益，更多情況下它是我們的福祉。

體貼他人就是關愛自己。生活當中，你的收入也許有多有少，能力也許有大有小，職位也許有高有低。但是，在關愛他人方面，你一定是可以有所作為的。你做不到捨己救人，但你可以多做那些利人利己的事，你可以不做那些損人利己的事，更可以不做那些損人不利己的事；你做不到一擲千金做慈善，但你可以助人為樂，你可以見義勇為，你可以誠實守信，你可以敬業奉獻，你可以孝老愛親！你做不到一呼百應去改變世界，但你可以改變自己，你可以影響身邊，你可以感動他人！

現在，人人都在講現在的社會道德淪喪，個個都在說當今的世界誠信缺失，時時都在談無數的他人道德崩塌，那麼，我們為什麼不讓自己的道德力量噴湧，我們為什麼不讓人人都找到自己的誠信，我們為什麼不努力成為「身邊的感動」——我們應該始終堅信：世界不缺乏美，缺少發現；不缺乏好人，缺少弘揚；身邊不缺乏感動，缺乏鼓舞。

當今社會，人人追求快樂，追求幸福。這原本無可厚非，因為這是人之本能，但什麼才是快樂呢，這就因人而異了。有人把喝酒當做快樂，於是乎小酒天天醉，整日暈頭轉向；有人把釣魚當做快樂，於是乎東南西北到處跑，颳風下雨不耽擱；有人把打牌當做快樂，於是呼朋喚友牌桌坐，隔三差五一小聚。我不能說那些不是快樂，「子非魚焉知魚之樂」，「鞋子舒不舒服，只有腳知道」，此話不假，隨著社會價值觀的多元化，人的快樂觀也應該多元化，問題是快樂對於現在的人來說好像是一件很奢侈的事，當快樂成為一種追求時，這本身就說明了它的稀少。學會體貼他人吧！因為體貼他人就是關愛自己！關愛是一種公德，關愛是一種行動，關愛是一種快樂！

第四章

知足是天賦的財富，奢侈是人為的貧窮。

——蘇格拉底

保持一顆平常心

所謂「平常心」，就是人們在工作、生活中處理周圍事物的一種心態；保持一顆平常心，就是保持一種輕鬆平和的心態。平常心是一種「寵辱不驚、去留無意」的境界，是一種「不以物喜、不以己悲」的情懷，是一種「勝不驕、敗不餒」的精神。擁有平常心的人寬容、樂觀、豁達，不虛榮、不虛偽、不虛假，做人光明磊落，做事坦坦蕩蕩。

在平常心下，你不會去計較，不會去算計，你只覺得平淡就是幸福。沒有紛爭，沒有怨恨。平常心是無心的前者。無心並非無情，而是一種至高的心態境界。我們的人生就像一望無際的大海，人便是大海上的一葉小舟。大海沒有風平浪靜的時候，所以，人也總是有歡樂也有憂愁。一切保持常態，做事昂首挺胸，無所畏懼。用一顆淡薄之心，忍辱之心，仁愛之心去對待世界。除此之外，我們還應該保持一顆平常心。生活中，沒有什麼比保持一顆平常心更灑脫了！平常心，猶如一泓清泉，可以拂去灰塵，洗盡煩惱；平常心，猶如一杯香茗，可以除去乾渴，飲出甘甜。一顆平常心，可以使考生們心裡踏實，揮灑自如；一顆平常心，可以使運動員狀態穩定，氣勢如巨集；面對榮辱與成敗，一顆平常心，可使你波瀾不驚，淡泊無求；面對恩怨和情仇，一顆平常心，可以使你處亂不變，空靈無妄。

人的一生要面對的事情實在太多，人們常感歎最近又有多少不如意、不順心。我們要面對工作的困擾，家庭的瑣碎之事，人情世故，朋友間的矛盾如何處理等等。面對這麼多事情，如何去面對、去解決，我想，對任何事保持一顆平常心，不帶任何私心和奢求，問題往往就會迎刃而解，矛盾和心結自然就會打開。

保持一顆平常心，必須堅定樹立正確的世界觀、人生觀、價值觀。在各種誘惑面前保持清醒的頭腦，經受住考驗。每個人前面都有一條邁向遠方的路，崎嶇但充滿希望，不是人人都能走到遠方，因為總有人因為沒倒掉鞋裡的沙子而疲憊不堪半途而廢。所以，主宰人感覺的並非歡樂和痛苦本身，而是心情。保持一顆平常心，就是少一些欲望，少一些貪求。像小草一樣的默默無聞，像野花一樣的靜靜開放，留住一份生命的純真。多一些純淨，少一些煩惱。像孩子一樣的心無憂慮，像老人一樣的平靜無濤。在這個充滿繁榮和誘惑的社會，每時每刻都要保持一顆平常心去做事，欲望要有度，知足才會常樂，這才是心理的最高境界。仰頭挺胸的對蒼天說我命由我不由天。說到底，平常心不過是「無為、無爭、不貪、知足」，對事對人不要強求，不要完美主義，要順其自然，人生在世，不如意十有八九，所以發生就發生了，順它而去，這樣才會有廣闊的胸懷，做大事情。

如果人生遇到重大的挫折變故時，要學會安慰自己，每一個人都有安慰別人或得到別人安慰的時候，可重要的是要學會自我安慰，這是一種心理防衛的方式。「百年人生，逆境十之八九。」在人生的旅途上，並非都是鮮花坦途，而要常常與不如意之事結伴而行。諸如離職待業、疾病纏身、情場失意等，常常會使人憤憤不平，歎息不止。失去平緩的心態容易發生心理扭曲、變態，不但影響工作情緒和生活品質，而且有害於身心健康。

安慰自己，就是透過積極的自我評價以及對自己適度的寬容，撫慰自己因失敗、挫折、不幸而痛苦不堪的心靈。面對困境，要告訴自己這是合乎自然的事情。困境是生活的組成部分，是人人必領的「速食」，既會困擾自己，也會光顧他人，這才合乎自然。總是一帆風順、事事如意，這只是一種良好的願望，實際並不存在。這樣，在困境面前就不會總讓心哭泣，相信「天無絕人之路」，相信「逆境不久」的真理，相信自己總有路可走，就等於跨出了困境的第一步。

人生不是苦旅，別把境況看得那麼壞。習慣於自我懲罰、自我折磨的人，一般視野比較狹窄，思維比較封閉。他們的眼睛只是死死盯在自己遇到的困難、挫折和失敗上，結果把困境看得越來越死，以致被困境壓得抬不起頭來。但若與那些比自己困境更嚴重的人比較，你會不會一聲長歎「何獨我哉？」然後你再背上一遍孟子的「天將降大任於斯人也」，便會有「冬天逝，春天到」的感覺，就會抹去許多對人世的不平，對人生的哀怨。

現代人大多覺得活得很累，不堪重負。很多人也很困惑，為什麼社會在不斷進步，而人的負荷卻更重，精神越發空虛，思想異常浮躁。的確，社會在不斷前進，也更加文明，然而文明社會的一個缺點就是造成人與自然的日益分離，人類以犧牲自然為代價，其結果便是陷於世俗的泥淖而無法自拔，追逐於外在的物欲而不知什麼是真正的美。金錢的誘惑、權力的紛爭、宦海的沉浮讓人殫心竭慮。是非成敗、得失讓人或喜、或悲、或驚、或詫、或憂、或懼，一旦欲望難以實現，一旦所想難以成功，一旦希望落空成了幻影，就會失落、失意乃至失志。諸葛亮的「非淡泊無以明志，非寧靜無以致遠」是一種追求；魯迅先生「躲進小樓成一統，管它春夏與秋冬」是一種境界；陶淵明的「歸去來兮」是一種明悟；而「寵辱不驚，看庭前花開花落；去留無意，望天空雲卷雲舒。」更加是一種超然物外的灑脫。在現實生活中，怎樣才能保持一顆平常心呢？

這就需要我們把名利看得淡一些。名利與我們每個人都有關係，對名利適度的追求，既無妨礙，也是人之常情，可是過分的追求名利，會給人帶來無窮的煩惱，是不可取的。有人說，世界上的不幸福，有三種：一是你得不到，所以不幸福；二是你付出了許多代價，得到了卻發現不過如此；三是你輕易放棄了，後來卻發現它是那麼的重要。同時，也有「三樂」：一是你得到了，所以你快樂；二是你付出了許多代價，最終得到了，並且它是值得的，所以你快樂；三是你很快放棄了沒有必要的負擔，所以你快樂。「三苦」、「三樂」中道出了許多人生真諦，它告誡我們要盡量把個人的名利、榮辱看得淡一些，防止這些東西干擾正常的學習、工作和生活。

把個人目標定得合適一些，正確認識和評價自己是一個人成熟的標誌之一。有一句詩說得好：「把自己當做泥土吧！總是把自己當做珍珠，就時時有被埋沒的痛苦。」保持平常心就是要客觀的評價自己，正確的認識自己，要清楚自己的優點和缺點，認識自己所有的、所缺的，不斷充實和完善自己。每個人對自己的期望和目標要力求「現實」，切忌過高和脫離實際，這樣才能保持一份從容和淡定。

一些無法預料的事，順其自然就好

人活在世上，要做你該做的事情，不要做不該做的事情。這件事情該你做，你做了，是最自然不過的。就好像你走在街上，看見一個小朋友在路邊摔倒了，你裝作沒看見，走了過去，你能夠安心嗎？這時，你上去把他扶起來，乃為最自然的事情。不做才是不自然。親人重病，你說我放得下，不聞不問，這叫什麼放得下？這是推卸責任。那麼，什麼是不該做的事情呢？

首先從道德上講，你不應該做的，你做了，會非常不安。有些事，歷史的教訓告訴不該做，你硬要去做，費了很大的力，還是很難成功，這就是不該做的。人們常常在思維上有些盲點，做了一些不該做的事情，浪費了很多精力。比如坐公車上班，路上交通很擁擠。這時，有人就沉不住氣了，長吁短歎，一會兒看看錶，一會兒看看窗外，只怕誤了自己的事。其實，你著急也罷，不著急也罷，車該怎樣走還怎樣走，你著急也是這個速度，不著急也是這個速度。你已經做了該做的事，你按計畫上了車，至於車是否誤點，不是你能控制得了的。這種累，都屬於自己給自己找氣受。

老子在《道德經》中說：「無為無不為。」無為是一種高境界，是放下一切執著的境界。放下，並非什麼事都不做。當你放下一切執著之念，才能做到本心清靜，才能真正「有為」。我們只要靜下心來想一想，自己的一生有多少事是應該做的，有價值的；有多少事是不該做的，毫無意義的。只有你認清了哪些是應該做的，必須做的，哪些是不該做的，毫無價值的，你才能真正做到無為，才能在應該做的事情上「無不為」。

每個人的一生中都會經歷種種坎坷與不如意。當我們回望走過的路時，會發現人活著是一種心情，窮也好、富也好，得也好、失也好，一切都是過眼雲煙。想想不管是昨天、今天、明天，能豁然開朗就是美好的一天，不管是親情、友情、愛情，能永遠珍惜的就是好心情。所有大事、小事、難事、易事、樂事、苦事，都是一件事，事情總有因有果，人與事、事與人，總有著千絲萬縷的聯繫。當歲月在悠悠然然的鐘聲裡消失，一切將幻化成空氣中的那份寧靜、淡然。所以，人應該順其自然，知足常樂。風雨坎坷人生路，不經歷風雨怎能見彩虹，成功也好，失敗也罷，所有的事情都來的很自然，有失敗就會有成功，有完美就會有缺陷，且讓一切順其自然，保持順其自然的心境面對生活，面對正在發生的新鮮事和物。

生活中，真正懂得順其自然是不容易的。完全懂，徹底懂，你就事事都順其自然了。不僅客觀是自然的一部分，主觀也是自然的一部分。這個世界原本沒有客觀、主觀之分，都是道的演化。你順之，不過是順其大道。道者，順之者昌，逆之者亡也。而真正悟到道，乃是悟到世界的「本來」。就是指要超出世俗的眼界和思維邏輯，要在眼、耳、鼻、舌、身、意六根之外了。言談舉止、社交往來都自然而然，那就是大道。生活也是悟道。悟了道，還要證道。要在生活中實踐道，而不是常常從大境界中落下來，失去自然態。世俗的功名利祿不動我心，一切任其自然來去更徹底，生死也置之度外。心無絲毫罣礙，即無半點恐懼，大超脫，大解脫，大自在。

到了真正自然無為的時候，就沒有「順」的概念了，也沒有除「我」之外的「自然」的概念了，因為忘我了，忘自然了，你即自然。自然即你，你順何物？所以，生活中最重要的是進入高境界。境界大，世界小，以大化小，才是真正的大徹大悟、大智慧。看不透這一點，執著，執迷，總是不自在的。任何事物的發展都有一個過程。即使是件好事，也要允許人們有一個認識過程。不理解可以，挑毛病歡迎。對任何事物的發展本身也要取自然態，要豁達開朗。因為有人不理解，因為事業發展不順利，你非常氣憤。其實，氣憤是沒必要的。就好像你本意是想做件好事，由於客觀原因，因為坐車誤點了，因為下雨你出不去，好事沒做成，你就特別不高興。這樣是肯定不行的。為做好事而做好事，做不成還著急生氣、心情焦躁，這都不叫做好事。

順其自然就是曾經擁有的不要忘記，已經得到的要更加珍惜，屬於自己的不要放棄，已經失去的就留作回憶，想要得到的就要更加努力。從中感悟順其自然的心境，豈不是更美。不要過分在意一些人，過分在乎一些事，順其自然，以最佳的心態面對。每個人的性格中，都有某些無法讓人接受的部分，再美好的人也一樣。所以不要苛求別人，不要埋怨自己。

玫瑰有刺，因為是玫瑰。人生，會有起風的清晨，會有暖和的午後，會有絢爛的黃昏，也會有流星的夜晚，所以不如保持順其自然的心境，把握每一個瞬間，試著去做，去面對每一個昨天、今天和明天。人生中的成敗得失，全憑把握，縱使歷經所有的艱辛苦難，始終要保持一種心境——順其自然。

欲望沒有終點，知足就能常樂

人生在世，多方面的因素使人們在經濟、地位、能力上高低不一。所以，一些人總有些心理不平衡，這也是情理之中的。知足者，高興快樂享受每一天；不知足者，憤懣不平的過著每一天。秉持一顆樂觀從容的心，生活該是多麼的美好！

看到路邊的乞丐，心裡除了憐憫之心外，還有一絲絲的慰藉，這是知足；感受農民的辛酸苦楚，想想自己在明亮的辦公室裡工作，浮現出感恩之心，這是知足；觀看新聞，看著災區人們的痛苦，想想孩子們的無家可歸，自己卻是如此幸運，這也是知足。知足就是沙漠裡的一滴水，正是那滴幾乎沒有重量的水滋潤著行者的心田。一位名人曾說：「快樂和悲傷只占百分之五，剩下的就是平淡的生活。」是啊，人生並不是一帆風順的，只要我們保持淡然的心，生活必是有滋有味的。

俗話說：「知足才能常樂。」這句話講得很有道理。知足就是對已經得到的生活或者願望感到滿足。知足常樂就是客觀的認識和準確的判斷已經實現的目標和願望，並充分肯定目前的狀態，從而始終保持愉快、平和的心態。知足常樂要求我們要有適可而止的精神，它並不是安於現狀，不思進取，故步自封，而是對現有收穫的充分珍惜，對目前成果的充分享受，也是對現有潛力的充分發掘，為今後的創新和進步提供平台。理性的進取應該以知足常樂的心態為基礎作理性制約。

在生活中，往往總在考慮自己並未得到的東西，而忽略已經擁有的東西和不切實際的目標，以達到欲望的滿足。不知足導致人們往往會用不正當不符合倫理的手段達到短暫滿足，由此帶來的巨大精神壓力和不良的社會效應也並不會帶來「常樂」，這正是由於沒有適可而止的精神和知足常樂的心態造成的。人要得到快樂，關鍵要有一種樂觀的心態。知足常樂正是當代人和當代社會的根本需求。

一隻美麗的天鵝在落地時看見一隻健壯的鴨子，牠驚詫於鴨子不同的模樣，不同的氣質，牠是那麼的有型，那麼的另類，牠立刻被這隻帥氣的鴨子所打動。於是天鵝立刻向鴨子表明愛意，而受寵若驚的鴨子則立刻接受了這份愛。從此，天鵝與鴨子一起在泥塘邊開始了新的生活。天鵝那雪白而又高貴的羽毛一天天的被汙髒了，那以前不會長期行走的美麗小腳也變得紅腫起來，牠漸漸失去了雲彩的撫摩，藍天的洗滌。

天鵝終於忍不住了，牠說：「鴨子，你要學習飛翔啊，那樣我們就可以一起在高空中比翼雙飛了。」於是鴨子為了天鵝而努力學習飛翔，可惜牠只是一隻鴨子，想要飛翔，想要飛到和天鵝一樣的高度實在是太難了，牠實在是沒有這份毅力，所以放棄了。鴨子說：「天鵝，你抓住我，帶我去飛吧！」天鵝抓住鴨子，搧動翅膀，非常非常吃力的飛上了藍天，在天上飛了一會兒就落地了。鴨子笑了，牠覺得天上的風景太美了，牠想愛上了天鵝真是好。在那以後的日子裡，鴨子每天都要求天鵝帶牠飛上天，而且要求飛翔的時間也越來越長，如果天鵝不能達到要求，牠就會生氣。疲憊的天鵝因為愛著鴨子，雖然身心俱疲，卻依然答應鴨子的要求。這天，鴨子又讓天鵝帶牠去飛。天鵝勉強抓住鴨子，飛得很高很高很高，然後天鵝低下頭深深吻了鴨子，就在鴨子感覺詫異的時候，天鵝鬆開了抓住的鴨子……

這個故事告訴我們：做人要懂得知足。唯有知足，才能常樂。在當下社會中，胸懷一顆知足常樂的心，對我們的生活有什麼影響呢？

首先，知足的人揣著平和的心就能常樂。人的欲望是無止境的，古人說：「天下熙熙，皆為利來；天下攘攘，皆為利往。」人不能病態的沉溺於欲望的滿足，而知足則是一種心理的健康，一種精神上的節制和坦蕩。人如果只為滿足欲望而活著，那麼永遠也滿足不了。因為滿足了一種欲望，同時就有十種欲望受到壓制，又有百種欲望隨之產生，它們不可能一一得到滿足，定會使人常不樂或者樂不長。其次，欲望膨脹的現代社會，只能靠知足常樂的心態去規範、去整合。面對現代社會的紛爭與衝突，我們已無法否認，無節制的欲望與貪婪，帶給人類的只能是戰爭與血淚；面對自然環境的日益惡化，我們也必須正視，無度的開發與索取，只能將人類推向災難與毀滅。此情此景，我們已深刻意識到：無視知足常樂的意義，無異於諱疾忌醫；無視理性自律的引導，無異於飲鴆止渴。最後，知足的社會才是穩定的社會，而社會穩定恰恰是社會發展的前提。因而，知足常樂並不會阻礙社會的發展，反而會更好的促進社會的進步，科技的發展和文化的傳承。因而，在現代社會中，只有提倡知足，才能求得發展。

除此之外，許多人還將知足常樂奉為延年益壽的祕訣，主要表現在以下三個方面：

第一，「知足常樂」能使人安神理氣。尤其是在遇不平事，不公平待遇，心裡感到委屈，煩悶或心理不平衡時，多想想，多品味幾遍這幾個字，也許很快就能使心情輕鬆平和起來，將心中的不悅之情，滿腹怨恨之氣，心平氣和悄悄釋然，使心情由壞變好，達到神安又氣順，「消消氣」功能還是有的。

第二，「知足常樂」能達到開導解勸，「降火明目」的作用。想起「知足常樂」這幾個字，就會自覺丟掉許多的俗語與貪心，使人變得更加理智與聰明，對人對事，對名對利，對錢對物，目光都能看得更遠，使性格豁達與大度。

第三，「知足常樂」又似副中西合劑的良藥，很現實，很見效，也很管用，它告訴人們一個普遍的真理：煩惱多與「不知足」有關。一些心理疾病與精神上的障礙形成，多與一個人的氣不順，心不平，身心欠調理相連。若一個人能去掉過分的私欲與貪心，變得知足，就會通情達理，少鑽牛角尖。「知足」是「常樂」的前提，「常樂」是「知足」的結果。二者相輔相成，互為因果。

知足常樂使得無窮的欲望和有限的資源之間達到平衡，知足更是一種智慧，常樂更是一種境界，讓我們在以人為本的和諧社會中，共同銘記「以驕奢淫逸為恥」，懷一顆知足感恩的心，享受成績，享受成功，感受快樂。

榮譽和恥辱只代表過去

有人曾將一輩子歸納為三天，即昨天、今天和明天，昨天除了經驗和教訓可以留下外，一切都成為了過去，無論昨天的生活是挫折還是無比輝煌，那都是一去不復返的歷史；明天是將來，是不能完全預知的未來；今天卻是一份厚厚的禮物，是三天中最為現實的一天。這裡，我們主要來談一下關於昨天的事。

「昨天」對於我們來說：他是曾經的輝煌、人生的得意、取得的成績，或者是經歷過的挫折、痛苦與失敗，或者是收穫過的成績、名譽和財富。而這些只能代表過去，既然過去了，就應該淡化對自己的影響。忘記過去，重新開始。就算再苦，就算再累，就算在自己的成長道路上寫盡失敗的人生歷程，起碼他們都已經過去，成為了所謂的過去式，不再是什麼進行時，雖說自己不知道他會不會成為將來時，一切都不是很明瞭，一切現在都很模糊。但是一個人最為重要的就是過好現在，過好自己正在運行的每一天，珍惜好現在的每分每秒。

總是想著過去又有什麼用，除了回憶，又能增加什麼；除去回味，又能改變什麼。過去的已經永遠的埋進了歷史的角落，將它徹徹底底的放下，放下它，自己才會過得更好，忘記才會心無雜念的增加自己的熱情。不要說什麼想忘而不能忘，沒有那麼的刻骨銘心，就算再痛，我們也只能痛一時，卻不可以痛一世。因為人生的道路很短暫，沒有那麼多的時間去浪費，也沒有那麼多的時間去埋怨。

一個小夥子大學期間非常優秀，做過學生會主席，年年拿獎學金，是校園裡的「風雲人物」。大學畢業後，他去了一家著名的企業工作，在公司裡他的目標很簡單，就是要努力做到大學時一樣的出色。他從最簡單最普通的事情做起，每天第一個到辦公室，打開窗、擦桌子，包攬了所有的公共事務；對待工作更是十二分的努力，加班，毫無怨言。第一年年終，老闆給他加了薪。不過，不久之後，他開始不開心，因為他發現老闆給自己加的薪水並不是所有員工中最高的。第二年年終升遷時，雖然他名列其中，可惜卻只被提升為副主管。他很不滿意，因為和他同時來公司的另外一人，已經是部門經理了。在公司做了兩年，他覺得自己退卻了，因為他不是公司裡最優秀最出色的年輕人。於是，他把自己的煩惱寫信告訴了父親。做了一輩子記者的父親給他回了一封信，信中說：「我曾經採訪過一個馬拉松長跑冠軍，我問他在臨近終點前心裡通常是怎麼想的。他回答我說：『在臨近終點前，我什麼都不敢想，只是拼命忘記自己曾經跑過的路，一步一步繼續朝前跑！』親愛的孩子，你之所以不開心，原因是你曾經獲得的榮譽太多了，它們讓你產生了無形的壓力，你始終在和自己的從前賽跑。其實，你已經很優秀了！孩子，一個人如果真想獲得更大的成功，就必須明白人生就和長跑一樣，只有學會忘記從前跑過的路，前進的腳步才能夠邁得更矯健！」

榮譽並不一定永遠都是好東西，因為它只代表過去。

也許我們還在為昨天的錯過而遺憾；還在為昨天的失誤而自責；還在為昨天的吵鬧而氣憤。讓我們忘記過去，展望未來。因為昨天的已經成為過去，不復歸來；明天只屬於未來，依然精彩。所謂世上無後悔藥，再多的後悔過去，也是無濟於事。我們何不放棄自己在沼澤裡掙扎的痛苦？何不卸下壓在心口上的包袱？何不擦乾過去的淚水？一個人的失敗並不可怕，可怕的是他不能從失敗的陰影中走出來。成功了，那當然更好，但是也不要沉醉於其中不能自拔。或許你考上了大學，或許你考上研究生或公務員，或許你收穫大量的財富，這些都會被我們認為是成功的標誌。不可否認，你是在某一領域取得了效果，作出了比別人多的貢獻，享受到了比別人高的待遇。但這並非就是真正意義上的成功。真正的成功是沒有終點的，並不是一個階段一個領域所能囊括的。它不代表已經完美，而只是意味著新的開始。你需要做的就是不斷充實自己，不斷提醒自己忘記過去，展望未來。

很多大人物生前取得的成就可謂數不勝數，但是仍然沒有停止自己的追求，即使躺在病床上生命垂危時，還依然學習和關心國家大事，對「活到老，學到老」這一名言做出了最好的闡釋。總之，成功是沒有終點的，我們不能滿足於一時，因為它只是未來追求的一個目標，一個未知數，沒有人知道它身處何處。我們唯一能做的就是展望未來，在追尋成功的過程中真正享受它帶來的快樂。記住：失敗代表過去，而成功則代表未來。

忘記是一種能力，一種品質，但也不是隨便下個決心就能忘記的。忘記成功，你便能從零開始，邁開今天前進的步伐，你將走向新的開始。忘記失敗，便能充滿信心，勇敢面對未來的挑戰；忘記痛苦，便能擺脫糾纏，讓身心沉浸在悠閒無慮的寧靜裡；忘記遺憾，便能放下包袱，輕裝上陣；忘記愛，便能知足常樂，活得更加瀟灑自如。

學會忘記，能走出失敗的陰影，走出自卑的泥淖，走出痛苦的深淵，重新認識自己。所以，要經常進行自我心理調節，想大一點，想遠一點，想開一點。對已經過去的無關緊要的事，要糊塗一點，淡化一點，寬容一點，朦朧一點，及時將這些東西從大腦「清理」出去，不讓它們在記憶中占有一席之地。學會了忘記，我們就是一個健康的人，成熟的人，就能放下過去那日益沉重的包袱和痛苦，輕裝上陣，精力充沛的面對現在面對生活，信心百倍的去迎接美好的明天，再創炫麗的人生風景！

忘掉過去，一切重新開始，這才是我們真正正確的決定，不要總是拿著以前的那些點點滴滴來說事。過去不重要，重要的是現在。現在過得好才是真的好，就算你以前過得很好，現在變得潦倒，屬於你的還就是現在的潦倒，不會是從前的美好。所以珍惜現在，過好正在進行的每一天，才是我們需要去做的。

忘掉過去，不要再去想那些遺憾，想沒有用，過好現在，創造未來才是我們需要努力的方向，才是我們的追求。所以勸告那些沉浸在過去無法自拔的人們，忘了吧！放手吧！讓我們一起向著未來要美好，對著現在索繁華，這才是我們大家的首選。放下過去的一切，讓我們攜手擁抱未來，共同開啟我們美好的明天。

把滿足帶給身邊的人

近些年來，隨著經濟的發展，人們的生活水準也在不斷提高。終於解決了溫飽的大眾開始談論關於幸福的話題。幸福是什麼？幸福是一種感覺，看不見，摸不著。大家之所以感到幸福太少，原因在於誘惑太多、欲望太多，缺少了一種對生活的滿足感。從專業角度看，幸福就是一種滿足感，你的需要獲得了滿足，就會產生幸福感，從而感到快樂！

美國著名心理學家馬斯洛把人的需要分為兩大類共五個層次，由下而上依次為生理需要、安全需要、社交需要、尊重需要、自我實現需要。兩大類中第一類需要屬於缺失需要，為人與動物所共有。缺失需要得到滿足是產生快樂的基礎和前提，一旦得到滿足，緊張消除，興奮降低，便又失去了動機。第二類需要屬於發展需要，可產生成長性動機，為人類所特有，是一種超越了生存滿足之後，發自內心的渴求發展和實現自身潛能的需要。滿足了這種需要的個體才能進入心理的自由狀態，展現人的本質和價值，產生深刻的幸福感，從而給人帶來無窮的快樂！

現實生活，衣食無憂的人很多，可是有的受病纏繞，有的被家事所累，有的因孤獨憂傷，有的為沒有遇到伯樂抱憾，可在他們的心底都充滿著對幸福的渴望，渴望身體健康，渴望闔家團圓，渴望賓朋滿座，渴望大展宏圖！我也渴望著幸福：當陽光灑滿大地的時候，有一個健康的身體帶孩子出遊；當父母需要的時候，能有時間去看望他們；當勞累奔波了一天，有個溫暖的家接納我；當遇到開心事情的時候，有幾個朋友和我分享；遇到煩惱的時候，有朋友給我安慰關心；有小祕密在心裡藏不住的時候，可以在一個知己那裡放一放；當我工作的時候，因為喜歡而投入，因為盡心而成功……

每個人都需要各種滿足感，沒有滿足感的人是不會快樂的。有的人喜歡在工作中得到滿足，就瘋狂的工作，並且能見到定期的績效，他才能得到滿足。有的人喜歡在情感中得到滿足，這裡又分為付出型的滿足和接受型的滿足，媽媽型的女人屬於前者，她無微不至的關心並得到對方的認可才能使她心理上得到滿足；而後者屬於小女人，她喜歡看著對方的付出，然後自己在一旁搗亂，撒嬌，而對方也樂此不疲。

人的滿足感會轉移，如果工作無論怎麼努力都不會有結果，那麼滿足感就會轉移，轉移到他比較擅長的一面，比如感情，或者某種逃避，如玩遊戲，或者墮落。還有人在現實社會中得不到滿足，就會在虛擬世界中尋找，這也是一種逃避，比如網友見面。還有的人在虛榮中得到滿足。所以，古人說得很對，知足者常樂。如果你把生活的各種饋贈都當做自己滿足感的來源，那麼快樂將常伴左右。我們每一個人都有自己的生活方式，或是開心，或是失落，其實最重要的是看人們怎樣去面對所謂的對與錯。

曾有這樣一個故事：

從前，有一個老人家，她有兩個女兒，一個女兒嫁給了賣傘的青年，一個女兒嫁給了染布的青年，當天氣晴朗的時候，老人就在想，我的大女兒今天又不能賺到錢了，因為晴天有誰會去買雨傘呢？可是陰天的時候，她又在說，我的二女兒怎麼辦呢？這陰雨連綿的日子，染坊的布何時才能夠晾乾啊！日子這樣一天一天的過著，她整天愁眉不展，後來，她遇到了一個與她年紀相仿的老人，那個老人勸她說，你不妨在天氣晴的時候，就想我的二女兒今天的布一定晾乾了，在雨天的時候，就想我的大女兒今天又能夠賣出去好多的傘，這樣每天你的女兒不都在賺錢嗎？這樣你還愁嗎？老人猛然間，好像明白了許多。

是的，其實這是一個很簡單的道理，可是我們往往在當時情不自禁的就迷惑了。事物都是一分為二的，當然在我們開心的時候還有好多不開心的人，可惜我們卻沒有想過，只是好多人都會自私的在自己失落的時候埋怨別人的無情。朋友們，如果你經常無端的發脾氣，或是任你的性格去做事，憑你的感覺去判斷，那你就大錯特錯了，每一個人所處的角度不同，處理的結果也會不同，如果只因不符合你的想法，而迫使你們之間發生爭吵，那你的想法我只能說是太膚淺了。其實在你不願意的同時，對方又何時是心甘情願的，也許只是你不知道罷了！

當你的心情十分的低落時，就設想一下那些比你還可憐的人吧！這種設想不叫鄙視，而是自己內心的一種滿足感。想一想當你身處困境的時候，你真的失去過所有的一切嗎？親情，還是友情，或者是愛情，也許你會說是金錢、事業。其實，只要你有思想，有靈魂，所有的一切還會失而復返。不要像那位想不開的老人，永遠停留在「愁」字上面，其實她早一些換一個角度去想，她會很開心，很知足。仔細想一想，其實每個人都可以很幸福，記得曾經有人說過這樣一句話：「沒有戰爭的日子，是最幸福的日子。」是的，我們不用為吃穿而愁，那又為何永不知足呢？假如你的生命還剩下一年，你還會為了沒漲薪資而生悶氣嗎？假如你的生命還剩下一個月，你還會和曾經的仇人去斤斤計較嗎？假如你的生命還剩下一天，你還會與你的愛人，為了昨天的小事而爭吵，遲遲不好嗎？假如你的生命還剩下一秒，你還會不開心嗎？你不會，假設你把每一秒都看成生命中最後一秒，那你就多給生命一些滿足感，你的人生中也就會多幾分璀璨，多幾分理解！

在生活中，我們要有滿足感，我們要勇於接受自己的生活，我們要寬容他人，我們要有足夠的度量為別人的快樂而高興，我們要有足夠的睿智去理解充溢於我們身邊的愛，這樣，我們就能獲得自己所渴望的幸福。

吃虧收穫幸福

哲學家老子說：「少則得，窪則盈。」留出了容納的空間，才能有容。月盈則虧，水滿流溢。提前「吃虧」，可以確保日後不虧。就像古老的太極圖中所展示的現象：平衡與和諧，是兩條顏色相反的「魚」相對，而不是一種顏色的圓滿，這樣才是「完美」的境界。所以，學會吃虧，就是要適應自然的法則，保持平衡，不求個人的完滿，經營讓利的空間，才能自在的生活在世。

處世需要吃虧，舍小利方能得大益；能包容，人人需要包容，厚待他人善待自己。肯吃虧是一種智慧，是大度的胸懷。人們常說，吃虧是福。但是，吃虧是福並不是僅對那些生活中愛吃虧的人講的，而是具有一定普遍性。也就是說，任何人只要做到能吃虧，肯吃虧，都能為自己創造幸福。例如：普通人在吃虧中變得成熟，聰明人在吃虧中埋下睿智的種子，等待日後的收穫。睿智的人善於包容，包容是同理心的理解，是修身養性的真經，是以退為進的策略。包容他人之舉，讓別人心存感激，腳下的路才會越走越寬。其實，人都有利己之心，面對誘惑、選擇都會不自覺趨吉避凶。大多時候我們會認為，確保自己的利益，爭取更多的回報是一個人能力的展現，是成功的標誌。然而，真正為人處世的大智慧卻是學會吃虧。可以說，做人的可貴之處就在於樂於虧己。

曾看到一個故事：

有一位靠賣鈕扣成為富翁的商人，他開的店，既不氣派，也不寬敞，但卻非常有特色。他的店，除了賣鈕扣以外，其他東西都不賣。他的鈕扣，不僅花色品種齊全，如有的女顧客，一件漂亮的大衣上丟了一枚鈕扣，鈕扣店會想盡辦法配上後寄給顧客。久而久之，小小的鈕扣店在偌大的一座城市裡人人皆知、家喻戶曉。這家小店的經商之道在於：店家深知「世上的錢是賺不完的」的道理。他每出售一枚鈕扣，只賺幾分錢。至於別人，比方說來鈕扣店大量進貨的成衣鋪賺顧客多少錢，他根本不去比較，他更在意的是能「賺」到多少顧客。

在現實生活中，不少剛剛畢業的年輕人，總是奢望馬上就能找到自己理想中的工作。很少有人想為理想工作付出了多少，然而，很多好工作是無法等來的，你必須選擇一份工作作為歷練。職業旅程中的第一份工作，無疑是踏入社會這所大學的起點。即使你找了一份差強人意的工作，那麼從這裡出發，好好的沉澱自己，學會為人處世的法則，不要以自我為中心，敢於吃虧，敢於吃苦，從這份工作中汲取有價值的營養，厚積薄發。千里之行，始於足下，只要出發，就有希望到達終點。有人曾說過：「我覺得有兩種人不要跟別人爭利益和價值回報。第一種人就是剛剛進入企業的人，前兩年千萬不要說你能不能多給我一點薪資，最重要的是能在企業裡學到什麼，對發展是不是有利……」

人總是從平坦中獲得的教益少，從磨難中獲得的教益多。一個人在年輕時經歷磨難，如能正確視之，衝出黑暗，那就是一個值得敬慕的人。最要緊的是先練好內功，剛畢業這幾年就是練內功的最佳時期，練好內功，才有可能在未來攀得更高。所謂內功，包括很多方面，人生態度就是其中之一，包括敢於吃虧的內容。其實，沒有錢、沒有經驗、沒有閱歷、沒有社會關係，這些都不可怕。沒有錢，可以透過辛勤勞動去賺；沒有經驗，可以透過實踐操作去總結；沒有閱歷，可以一步一步去累積；沒有社會關係，可以一點一點去編織。但是，沒有夢想、沒有思想才是最可怕的，才讓人感到恐懼，很想逃避！人必須有一個正確的方向，一個思想，一個態度，無論你多麼意氣風發，無論你是多麼足智多謀，無論你花費了多大的心血，如果沒有一個明確的方向和態度，就會過得很茫然，就漸漸喪失了鬥志，忘卻了最初的夢想，就會走上彎路甚至不歸路，枉費了自己的聰明才智，誤了自己的青春年華。

所謂「吃虧是福」，一定有個利益邊界，有個承受能力的權衡。於是，才有了「吃虧是福」的老話新說，以及放諸四海而皆準的廣泛針對性。

有一個人與朋友合夥做生意，幾年後一筆生意讓他們所賺的錢都賠了進去，剩下的只是一些不值錢的設備。他對朋友說，全歸你吧，你想怎麼處理就怎麼處理。留下這句話後，他就與朋友分手了，沒有相互埋怨。別人可能會認為，這個人真糊塗，自己一分財產也不要。其實，這叫「好聚好散」。生意沒了，人情還在。

認為吃虧是福，肯吃虧乃智者的智慧。不管你做老闆也好，還是生意場上的夥伴也罷，只有犧牲一部分自己的既得利益，吃點小虧，才能留住人才，留住合作夥伴。手下的人跟著你有好日子過、有前途，他才會一心一意為你效勞；生意上的夥伴同你做生意互惠互利，才不會朝三暮四。

一般的虧可以不在意，如果太過分、太離譜，也仍要人們以此為準則，那就無異於縱容作惡或者養虎遺患了。有句箴言：「對於惡人，沒有和平。」法國藝術家安格爾在引用此語後進一步闡發自己的立場說：「不管發生什麼情況，我將加倍努力，為的是有朝一日給我那些卑鄙無恥的敵人以回擊。」可見，「吃虧是福」並不適用於一切道德行為主體和範疇。對於那些專以損人利己為能事的惡人、敵人，就不能安於吃虧，因為這只會助長其變本加厲。

能吃虧不僅是福也是德，更是一種境界。願意吃的虧吃了，是為自己立品，為他人立行。不願意吃的虧也吃了，但絕不像阿Q那樣簡單的罵一句「兒子打老子！」發洩了事，而是能認識到這是一種福禍相依，得到與付出的辯證關係。把吃虧當做一筆財富，以此歷練自己的心志，提煉出生活的精華，如此這般，你的境界不已經很高了嗎？

第五章

獲得幸福的不二法門是珍視你所擁有的、遺忘你所沒有的。

——柏拉圖

（古希臘哲學家，被譽為西方文化史上最偉大的哲學家和思想家之一。柏拉圖一生執教四十年，他的教學思想主要集中在《理想國》和《法律篇》中，其哲學體系博大精深，對後世影響極大。）

固執就是跟自己過不去

執著是一種美，但當執著變成固執時，往往使人身陷困境並淹沒其中。唯有懂得放棄，堅持但不一意孤行才是解決之道。我們的生活豐富多彩，我們的世界紛繁複雜，所以我們的煩惱會更多，壓力會更大。人們心中的積怨很多，但歸根結柢，都是由於人們的固執己見造成的。每個人都會有固執的一面，而且一旦固執起來會很難改變。

人的一生中，成功的最佳目標往往不是選擇最近的那個，而是選擇最有價值的那個。當你面臨著各式各樣的選擇，如何選擇也就註定一個人如何去爭取成功，而最好的選擇，就是放棄執著，靈活變通。選擇其實就是「放」與「取」的過程。該放什麼，該取什麼，說到底是一種人生藝術。有時，不放棄眼前的這個，就不可能選擇最有價值的那個。所以說，要想提升自己的人生價值，就要懂得放棄和變通。

兩個貧苦的樵夫靠砍柴糊口。有一天，他們在山裡發現兩大包棉花，兩人喜出望外。棉花的價格高過柴薪數倍，將這兩包棉花賣掉，可供家人一個月衣食豐足。於是，兩人各自背了一包棉花，趕路回家。走著走著，其中一名樵夫眼尖，看到山路上有一大捆布。走近細看，竟是上等的細麻布，有十多匹。他欣喜之餘，和同伴商量，一同放下肩負的棉花，改背細麻布回家。他的同伴卻有不同的想法，認為自己背著棉花已走了大段路，到了這裡丟下棉花，豈不枉費自己先前的辛苦？堅持不換麻布。先前發現麻布的樵夫屢勸，同伴不聽，只得自己竭盡所能的背起麻布，繼續前行。又走了一段路後，背麻布的樵夫望見林中閃閃發光，走近一看，地上竟然散落著數壇黃金，心想這下真的發財了。趕忙邀同伴放下肩頭的棉花，改用挑柴的扁擔來挑黃金。同伴仍是不願丟下棉花，並且懷疑那些黃金不是真的，勸發現黃金的樵夫不要白費力氣，免得到頭來一場空歡喜。發現黃金的樵夫只好自己挑了兩壇黃金和背棉花的夥伴趕路回家。走到山下時，無緣無故下了一場大雨，兩人在空曠處被淋了個透濕。更不幸的是，背棉花的樵夫肩上的大包棉花吸飽了雨水，重得再也背不動了，那樵夫不得已，只能丟下一路辛苦捨不得放棄的棉花，空著手和挑黃金的同伴回家去。

這雖然只是一個小故事，但是從中我們卻可以悟出許多道理，挑棉花的樵夫一味執著，不懂得放棄和變通，結果空手而回，而挑金子的樵夫，每次都會選擇最有價值的，所以總能收穫最好的。有成就的人生少不了一種叫做執著的精神，或者說是一種信念，但是現實生活紛繁複雜而多變，我們意識到：其實懂得放下、靈活變通往往比執著和固執更能獲得「完美」。

變則通，通則久。現代社會是個瞬息萬變的世界，每個人都永遠不知道下一秒鐘會發生什麼變化，所以要想當常勝將軍，就必須具備隨機應變的能力和靈活作戰的方式，只有這樣才能立於不敗之地。若我們一味鑽牛角尖的「執著」，就會陷在其中不能自拔，這種「執著」往往使人身陷困境並淹沒於困境，對社會生活也會造成不可估量的損失。所以，我們要真正的開闊思維，靈活變通，尋找多種管道來解決問題。

固執是一種病，一種心理疾病，一個人的健康不光是身體的健康，更重要的是心理上的健康。要活得開心就要學會放棄，放棄固執己見就是解脫自己。說得具體一點，就是要做到以下兩點：一是放棄你一直堅持的意見與觀點。無論什麼事，如果在你前進的道路上走得很艱難，不妨自檢一下一直以來堅持的意見和觀點。試著放棄它們，俗話說：「退一步海闊天空。」如有差錯還會有彌補的機會，重新回頭也會有更大的動力。二是弄清楚為堅持立場而使你付出了什麼樣的代價。想想戰爭中的迂迴戰術吧，什麼事情都不要硬碰硬的交鋒。即使你以強硬取得了勝利，退下陣來也會感知遍體鱗傷的傷害。仔細比較一下，到底是利大於弊，還是弊大於利？

生活中，當你固執己見時，有時即使是別人的錯誤，也不妨去心甘情願與他溝通，嘗試著從另一個角度來看問題；有時是我們的錯誤，由於想推卸責任而去指責別人，沒說的，你應該道歉；工作中，承諾去理解並尊重對方的工作模式，在此基礎上，共同創建新的合作關係。有些事之所以有太多的障礙，都是由於過度的固執與愚昧的無知造成的。在別人伸出援手之際，我們也要學會變通。只有自己也願意伸出手來，別人才能幫得上忙！如果只是一味固執，最後的結果必然導致自我滅亡。

固執，幾乎是所有人共有的心理特徵。其實固執的本意是「擇善而固執」，是堅持原則，堅持不懈，是「誠」的表現。在複雜的現實生活中，如果籠統的事事固執，那麼就會走向它的反面。變通，是人們在無數固執中吃盡了苦頭後，才學會的一種立身處世的思維方式。從固執到變通屬於量變範疇。既是量變，就有度。變則有度，如果超出了度，也就失去了原則。雖然固執己見有時讓人覺得你很有個性，但更多時候給人的感覺是頑固不化。佛說：「不撞南牆心不死，撞了南牆又如何？」換個角度，再撞撞試試，擦亮雙眼，說不定你已找到了突破口。做事情要把握好變通和堅守的「度」。

世事是變幻無常的，沒有人能夠總是一帆風順的過上一輩子，所以那些已經成功的人的一個重大發現之一就是，他們必須要能適時的靈活變通，否則通往成功的路途也會崎嶇難行。

選擇太多時要學會放棄

古人云：「海納百川，有容乃大，壁立千仞，無欲則剛。」這其實是一種境界，一種修養。魚和熊掌不可兼得，一個人的時間有限，精力有限，生命有限，懂得適時放棄是一種聰慧和超脫。放棄，不是怯懦，不是自卑，也不是自暴自棄，更不是陷入絕境時渴望得到的一種解脫，而是在痛定思痛後作出的一種選擇。世界上有很多的事情，不是我們努力就能實現的，有的靠緣分，有的靠機遇；有的我們只能以看山看水的心情來欣賞。不是自己的不強求，無法得到的就放棄。

人生在世有許多東西是需要放棄的，放棄是面對生活的清醒選擇。生命的價值也許就在於它的一次性，你沒有後悔的機會，所有的快樂和憂傷，所有的微笑和淚水，只能代表過去。同樣，當我們面對一段縹緲的感情，痛過以後，決定放棄時，儘管這種放棄是困難的，是刻骨銘心的，但必須面對，必須放棄。在落淚前轉身離去，留下簡單的背影，將昨天埋在心底，留下最美好的回憶，讓彼此能有一個輕鬆的開始。儘管萬般的不捨在心中滌蕩蔓延，仍回覆一個微笑，彼此默默祝福吧！

有人說，懂得如何選擇的是哲人。實際上，那些懂得如何放棄的人才是真正的智者。選擇是智者對放棄的詮釋，放棄則是對選擇的跨越，學會放棄其實是擁有了一份成熟。放棄是一種智慧。它只需你不再一味堅持；放棄也是一種清醒，人生很複雜，可有時卻很簡單，簡單到你只有取得和捨棄。也許取得往往可以理直氣壯，心地坦然，而捨棄卻需要莫大的勇氣與決心。放棄並不是消極的放手，而是需要睿智的思想和博大的胸懷。仕途中，放棄對權力的追逐，隨遇而安，得到的是寧靜和淡泊；在淘寶過程中，放棄對金錢無休止的掠奪，得到的是安樂和快樂；在春風得意，美女如雲時，放棄對美色的占有，得到的是家庭的溫馨和美滿。獨行的生命無法承受太多的行囊，拖著不堪重負的身形踏上人生旅途，我們註定要放棄很多。人生面臨許多選擇，而選擇的前提是懂得放棄，放棄的正確，即是選擇的成功。

曾聽過一個故事：

一位母親正在廚房做飯，突然聽到三歲的兒子在客廳裡號啕大哭。原來兒子把手伸進了一個花瓶裡拔不出來。母親趕緊上前幫忙，使出渾身解數，兒子的手還是拔不出來。萬般無奈之下，母親只好打碎價值不菲的古董花瓶。兒子的手安然無恙了，卻依然緊緊的握成拳頭。母親忐忑不安，掰開兒子小手，卻發現手裡握著一枚五元的硬幣。母親明白了，原來兒子的手不是拔不出來，而是不願為五元硬幣鬆開拳頭。

故事很有意思，代表了一種心態，現實生活中，我們又何嘗不是經常犯和小男孩同樣的錯誤？為了蠅頭小利，朋友可以背信棄義；因為一言不和，夫妻可以分道揚鑣，糾纏雞毛小事，兄弟可以手足相殘。究其原因，是和那個小男孩一樣，不願放棄五元硬幣。

人生最重要的不在於一時的得失，而在於懂不懂得選擇需要的，知不知道放棄不要的。正所謂「兩弊相衡取其輕，兩利相權取其重」，趨吉避凶正是放棄的實質。有些東西不屬於我們，苦苦的追尋也不會有結果。只有學會選擇懂得放棄，才能徹悟人生，擁有海闊天空的心境。

放棄並不意味著失去，不能擁有還可以給關懷，不能關懷還可以給祝福，不能祝福還可以注視，不能注視還可以寄託思念，不能思念還可以選擇夢幻，沒有了夢幻還可以等下一個輪迴。放棄後的感覺惆悵而輕鬆，是一種無奈後理智的選擇，思念一個人甜蜜中摻著苦澀。當你深深愛上一個人，而對方卻不用愛來回應你，有一天你會發現自己失去自我，愛有多深就有多卑微！放棄，其實是每個人強迫卻不願意自己欣賞的一種美麗，一種自我安慰而已。有的人，如果珍惜不起就請放棄吧，有些事，如果挽留不及就隨它去吧，沒有什麼看不開的，我們活的很好，何必為了一些不相干的事情傷感呢？人生，很多時候要學會放棄！

放棄一個心儀卻無緣分的朋友；放棄某種投入卻無收穫的感情；放棄某種心靈的期望；

放棄某種思想，雖然放棄這些很艱難和無奈，但我認為這是智者的選擇！也許放棄時，你會生出很多傷感和沮喪，然而這種傷感並不妨礙自己去重新開始，因為這是一種自然的告別與放棄，它富有超然物外的精神，雖傷感但美麗！當你喜歡一樣東西時，得到它也未必是你最明智的選擇。人生是複雜的，有時又很簡單，甚至簡單到只有獲得和放棄。應該獲得的完全可以理直氣壯，發現盡力而為之後，此事依然與自己無緣，就要瀟灑放棄。獲得往往心地坦然，而放棄則需要巨大的勇氣。

生命中，一些東西，一些人，註定與你只能擦肩而過，刻意的挽留，只能心力憔悴。偶爾的時候，放開你的雙手，不刻意，不經營，只是一個簡單的動作——放手，幸福就在不經意間被你留住了。原來要幸福很簡單，心境豁達些，懂得放棄一點點，那麼就幸福一點點！許多的事情，總是在經歷過以後才會懂得。一如感情，痛過了，才會懂得如何保護；自己傻過了，才會懂得適時的堅持與放棄，在得到與失去中慢慢的認識自己。其實，生活並不需要這麼些無謂的執著，沒有什麼實在不能割捨。學會放棄，生活會更容易。

既然做了，就別後悔

說到後悔，似乎每個人都有一段傷心事要訴說。當婚姻出現問題時，我們後悔愛錯了人；當事業不順利時，我們後悔做錯行；當看到以前的同事或朋友升官的升官，發財的發財，我們後悔或許當初不該一意孤行。

很多時候，生活的本來面目是簡單的，卻被我們複雜化了，平添了許多不必要的細枝末節。如果你對世界簡單了，世界就會向你展示美好。不必有太多的欲望，知足者快樂；無須有過強的偏執，寬容者愉悅。刪除繁瑣的記憶，擯棄身外的煩惱，人生本來苦短，功名利祿都是附加，唯有簡單方能多些快樂。對曾經所做過的錯事，就不要後悔，即使是錯事，既然做了，就不要再幻想著去改變。就像一個和尚沾了葷，他再後悔也吐不出一頭活生生的豬來，我們能做的就是把握現在。在我們身邊經常可以看到不少人自怨自艾，為曾經做過的錯事後悔不已，為過去的事而消沉，為過去的事而落魄。世上永遠沒有後悔藥，即使真的有，那麼許多人不惜花費千金也要購買；時光也永遠不會倒流，如果時光倒流了，那麼歷史將會重新改寫。過去的就讓它隨風而去吧！其實，痛苦也是一劑良藥。

人在成長的過程中，有快樂時，也有悲傷時，快樂的時間的確過得很快，而悲傷的時間就很長。往往在悲傷的時間裡，是讓你領悟一些道理的時候。人生中大部分的道理都是從悲傷而來，在於你能不能想到這個經驗所帶給你的資訊。而這些資訊將成為你快樂的一部分。

人要為自己負責，但不要為自己做的事而後悔，責任是無法逃避的。其實，人活著就是一種責任……走自己的路，讓別人去說吧。

人生就好比一場豐盛的晚宴，但時間是有限的，你無法每道佳餚都去品嘗一番，於是乎，選擇就變成了人生最重要的事，然而無論你選擇了什麼，你還是會有遺憾；不管你擁有過什麼，你還是會覺得是否曾經錯過了什麼？而有時你也不免自問，到底是你選擇了命運，還是命運選擇了你？在生命中，總會有很多不同的選擇題，等待你去選擇，而你的選擇，是會變得更好或者更差，沒有人可以預料。我們都曾經歷過無數的選擇與抉擇，但很難保證每次的選擇都是對的，更難保證的是，你不會後悔自己的選擇。然而，更殘忍的是，有時你是沒得選擇的，正是由於命運已經擺好了棋譜，你只能一步一步的往下跳，雖然，你也曾經試圖力挽狂瀾，然而人的渺小與不足，根本就無力對抗命運的擺弄。人生必須面臨無數的轉折，而每個轉折都是一個很重要的關卡，當你在轉捩點的時候，若是猶豫得太多，決定的時刻又太晚，這些因素也許都可以讓你的生涯出現危機，或者產生不可預測的變化。

印度有一位哲學家，飽讀經書，富有才情，很多女人迷戀他，一天，一個女子來敲他的門，說：「讓我做你的妻子吧！錯過我，你將再也找不到比我更愛你的女人了！」哲學家雖然也很喜歡她，卻回答說：「讓我考慮考慮！」哲學家用一貫研究學問的精神，將結婚和不結婚的好壞所在，分別羅列下來，卻發現兩種選擇好壞均等，真不知該怎麼辦，於是，他陷入長期的苦惱之中，無論又找出了什麼新的理由，都只是徒增選擇的困難。

最後，他得出一個結論——人若在面臨抉擇而無法取捨的時候，應該選擇自己尚未經歷的那一個。不結婚的處境我是清楚的，但結婚會是個怎樣的情況，我還不知道。對！我該答應那個女人的央求。哲學家來到女人的家中，問女人的父親：「你的女兒呢，請你告訴她，我考慮清楚了，我決定娶她為妻！」女人的父親冷漠的回答：「你來晚了十年，我女兒已經是三個孩子的媽了！」哲學家聽了，幾乎崩潰。他萬萬沒有想到，向來引以為傲的哲學頭腦，最後換來的竟然是一場悔恨。

人生旅途中，每個人都會面臨千千萬萬、大大小小的選擇。選對環境，帶給你無限的歡悅，快樂一生；選對老師，教給你無窮的知識，智慧一生；選對行業，給予你豐厚的回報，成就一生；選對朋友，互相學習取長補短，受益一生；選對伴侶，將擁有甜美的愛情，幸福一生。學歷代表過去，財力代表現在，學習能力代表將來。所見所聞改變一生，不知不覺會斷送一生。沒有目標的人永遠為有目標的人去努力；沒有危機是最大的危機，滿足現狀是最大的陷阱。下對注，贏一次；跟對人，贏一世。老闆只能給你一個位置，不能給你一個未來，舞台再大，人走茶涼。

每個人都要懂得，在這個世界上，你是獨一無二的，沒有人像你，你也不需要去代替誰。在你的人生舞台上，你是自己的主角，不需要去做誰的配角。別在難過的時候接受男子的愛，那對他不公平，你也不會幸福，要分清楚，是喜歡是同情或是憐憫。相信你終會遇到喜歡你而你又喜歡的人。所以別放縱愛，別吝嗇愛。不要為了任何人任何事折磨自己。比如不吃飯、哭泣、自閉、憂鬱，這些都是傻瓜才做的事。當然，偶爾傻一下有必要，人生不必時時聰明。學會承受痛苦。有些話，適合爛在心裡，有些痛苦，適合無聲無息的忘記。當經歷過，你成長了，自己知道就好。很多改變，不需要你說，別人會看得到。

永遠不要後悔。我們無法選擇回去的路程。但是要清晰面對已經造成的挑戰。努力去調整，並相信自己會成功。無論你深處絕境，還是罹患重疾，你對過去無能為力，但在當下，你的未來並不那麼渺茫，只要你努力，堅信自己，人生往往柳暗花明。對某些人而言，成功需用財富來衡量；然而對另一些人而言，並非所然，由於你要過什麼樣的生活，要選擇什麼樣的人生，都是一種抉擇。凡事都要學會三思而後行，所做的選擇，就不再後悔，並對自己的選擇勇於負責！

人生有許許多多的選擇，有時，我們會在對的時刻，做了錯誤的選擇，然而到了事後，我們又陷入後悔之中，假如當初怎樣，現在就會怎樣？其實，何必非要讓自己陷入這種惡性循環之中呢？生命就在無數的選擇和轉折下，才活出了不一樣的風貌。在面對每一次的選擇時，需要的就是自我的承擔與負責，選擇便是我們生命中的宿命。在生命的轉折處，我們還要學會勇於承擔，勇於選擇，但不要後悔。

遇到煩惱時多往好處想

一個人只要生活在這個世界上，就會有各種各樣的煩惱。有生活，就有煩惱。生活的腳步是輕鬆而富有節奏的，煩惱就暫時少了一些；生活的腳步是沉重而疲憊的，煩惱就會像一座山一樣壓在我們身上，揮之不去。

人的一生，總會有一些說不出的煩惱，挽不回的遺憾，觸不到的夢想，忘不了的回憶。可這世界原本就是得之我幸，失之我命，又何必為那些得到的、得不到的、擁有的、失去的悵然失落而煩憂呢？不要因為沒有陽光而走不進春天，不要因為沒有雨露而忘記生長，不要因為沒有鮮花和掌聲就放棄自己的追求，不要因為路途泥濘就停止前進的步伐。如是人生原本明朗，卻硬要戴上墨鏡看世界，又怎能期盼世界不會灰暗？

生活就是生活，傷悲或是欣喜，它都在那裡，不來不去。用快樂看世界，末日也是浪漫，用沮喪看世界，彩虹也是枷鎖。是非黑白，對對錯錯，只是自己那雙戴了墨鏡的眼分辨出來的，眼中事物的樣子已被改得面目全非，哪裡還有什麼可信而言呢？如果還是迷茫，那就教你一個祕方。花兒凋零那就感知瞬間的美麗，樹葉飄落那就感恩大地的收容，朋友遠去那就珍惜過往的記憶，繁華過後那就回歸平淡的生活。即使你會因逝去而失落，那麼，也要小心翼翼將憂傷藏好，因為現在還不是秋天，你的收穫還未到來。不要在恩仇中顛倒，不要在煩惱中生活。快樂也好，煩惱也罷，人生就是一場賽跑，如果你被苦惱追上，那麼你這一生註定無聊。再也不要怨恨，再也不要消極，跌宕起伏的生活總會有轉機，倘若你不肯跌倒後勇敢爬起，那就不要再期盼有人能救你。

有這樣一個小故事：

徒弟和師父在茶館裡談心經。師父聽完徒弟的煩惱，要徒弟一邊提起他剛買的三罐番茄汁，一邊跟他說話。過了一會兒，徒弟胳膊酸疼，放下了番茄汁。師父卻說：「提起來，繼續談。」又過了一陣，徒弟實在承受不住了，師父才讓他放下。師父說：「你不喜歡提著重物跟我說話，卻為何喜歡帶著煩惱來跟我說話呢？胳膊累了，放下就好，對待煩惱不也是如此？煩惱就像這些番茄汁，是你自己用手舉起來的。」

看完這則故事，也許你會說，煩惱要是想放下就放下，就不叫煩惱了。可你細想一想，生活中誰都會遇到煩惱，你不放下它，結果會怎麼樣呢？重物使你的胳膊很累了，你咬牙堅持著不放下，重物不會減輕絲毫的重量，卻會使你感到越來越重。超過了一定限度，還會使你的手或胳膊受傷。所有的煩惱，不會因你的執著、憂慮減去分毫，反而有無窮的害處。所以，生活中，我們應該懂得如何拋棄煩惱，體會快樂。

英國前首相勞合．喬治有一個習慣——隨手關上身後的門。有一天，喬治和朋友在院子裡散步，他們每經過一扇門，喬治總是隨手把門關上。「你有必要把這些門都關上嗎？」朋友很是納悶。「哦，當然有這個必要。」喬治微笑著對朋友說，「我這一生都在關我身後的門。你知道，這是必須做的事。當你關門時，也將過去的一切留在後面，丟掉那些令人懊惱的煩心事，你才可以重新開始。」

煩惱的人生總是和過去一些不愉快的事糾纏在一起。煩惱的人總是牢記自己受到過多少次打擊，別人有多少次辜負了自己的期望，總是對自己說：「我真倒楣，我總是受到不公平的待遇。」他們很少或者根本不會去想一些愉快的事情，即使偶然想到，也會馬上分析它們的反面，使思想一直集中在那些不好的假想方面。

在有些人看來，幸福總圍繞在別人身邊，煩惱總像「哥倆好」黏膠一樣纏著自己。很多人對幸福和煩惱的理解都是如此。落榜的學生以為進了「金榜」就可以沒有煩惱，貧窮的「犀利哥」們以為有了錢就可以得到幸福。結果呢?有煩惱的依舊難消煩惱，不幸福的仍然難得幸福。煩惱，永遠是尋找幸福的人的命中一劫。尋找幸福的人，有兩類。一類像是在登山，他們以為人生最大的幸福就在山頂上，於是氣喘吁吁、窮盡一生去攀爬。最終卻發現，他們永遠登不到頂，看不到頭。他們並不知道，幸福這座山，原本就沒有頂、沒有頭。這好比我們以為眼下拼死拼活的就想有一個屬於自己的房子，可房子真的有了，你就幸福了嗎?於是，幸福的清單又被無休止的欲望拉長了，裝修一下:買個液晶螢幕、裝上電腦，再有個冷氣或許會更幸福。終於，一切都妥當之後，敲你房門的往往不是幸福，而是寂寞。躺在舒服的大床上，翻來覆去的煩惱著:我怎麼這麼不幸福啊!偌大的房子就我一人!另一類也像在登山，但他們並不在意登到哪裡。一路上走走停停，看看青山、望望江水、吹吹清風，心靈在放鬆中得到滿足。他們沒有放棄上進，只是少了過多欲望的背負，這讓他們輕鬆很多，自在很多。對於心靈來說，一輩子的打拼，如果最終能賺得整日快樂，就已經實現了生命的價值。而快樂就是每一天、每一時的安詳滿足。在大街上閒逛，想要去廁所，恰好身邊就有一個，這就是幸福。因為起來晚了，趕去上班的公車上，一點也不擁擠，在車程後半個小時的時候，還坐上一個座位，這就是快樂。於是我們也在想:幸福就是活得簡單。

丟掉煩惱，可以讓我們的身心得到釋放，讓我們更加親近身邊的朋友，更加開朗的面對生活，在生活的面前我們總是可以昂起頭，做強者。不被生活的負擔所拖累，不被工作的壓力而打垮，就是在這樣的一種環境下，我們才能更加發揮自己的才能，更加努力的工作，更加拼命實現自己的目標。丟掉煩惱，讓一切都變得簡單，讓一切都鮮亮起來，在愉悅的生活中尋找安寧。

已經擁有的要備加珍惜

有很多的時候，我們總喜歡拿自己同別人做比較，比來比去，總是讓自己憑空多了很多的不平衡。這種不平衡源自於每個人的欲望。人的欲求是無止境的，每個人都希望得到最好的，希望得到的比別人更多。誠然，世上的確有一些追求完美卓越的精英人士，而且多數人從本質上來說還是比較容易滿足的，所以，那些經常參與搶劫、偷竊這些行為也只為少部分人所有，大部分人都在家裡的電腦上悄悄的「偷菜」，滿足自己小小的貪欲。

人性到底是本惡還是本善，這種問題各有各的說法，因為每個人的生活境遇、成長歷程、人生經歷都有所不同，所以就形成了不同的信念；而且每個人看世界的方式也不可能完全一致，也就是說，你我的世界觀、價值觀都存在差異。一個對社會懷恨很深的人可能會認為世界上所有的人都是騙子，都想害他，他們對人群充滿戒心，並且不敢陷入任何一段感情之中。一個吃齋念佛的人則堅信人性本善，認為每個人犯了錯都是迫不得已，他們從不殺生，並且寬恕世上的每一個人。但不管是哪一類人，是美還是醜，是貧窮還是富裕，他的身上都有別人不具備的特質，而這些特質才是你最大的擁有。

在日常生活中，有很多事情，常常會讓我們忘卻去珍惜身邊的幸福，拼命追逐一些遙遠的夢想。我們總喜歡盲目去和別人比較，無端的讓自己產生很多的不平衡心理，從而讓自己生活在無謂的痛苦之中，這看起來很不值得。作為一個人，需要的是有一顆平和的心，好好珍惜自己現在所擁有的，這樣才會讓自己活得實在而瀟脫，才能有機會發展自己，讓自己生活得更有價值。在工作方面，我就是抱著這樣的一種心態，我從不去羨慕別人，卻總會羨慕自己，羨慕自己得到了一份很輕鬆、很不錯的工作，每當想到這，常常會讓自己的心裡充滿著一種幸運的感覺。對於薪資的高低，我也一直抱著一種很平淡的態度，不和他人比較，只和自己的過去對比，我認為現在的情況好多了，這讓自己很知足，讓自己感覺很快樂。沒錯，珍惜自己現在所擁有的，會讓自己時時充滿快樂的元素，會讓人感覺這樣生活不累。

每個人都在追求幸福，可是幸福總是一閃即逝。也許沒有經歷過挫折就感覺不到幸福吧，我經常會想自己想要什麼樣的幸福呢，家庭和睦，工作有發展，聽起來簡單，達到卻未必容易。追求很遙遠的夢想在我看來不如珍惜現在來得實際些，如果連本屬於自己的都失去了，又何談更遠的呢？每一段辛酸的，開懷的，難忘的點滴幸福，凝結在生活的每一天，即使是平淡的生活，只要有惜福的心態，就會覺得每天都是精彩的。我看到過這樣一句話：「人總是不滿足，不會珍惜自己擁有的。一旦失去了，才知道後悔。」要知道，世界上最珍貴的東西是現在擁有的。人生苦短，好好珍惜自己所擁有的一切，不要等到失去了才知道後悔，這才是生活的真諦。珍惜自己所擁有的，充實的過好每一天，對於我們這些普通人來說何嘗不是一種幸福。

生命給予你的不僅僅是愛，而是更多的挑戰，一個又一個的對你未來的考驗。在一路前行的平坦大道上，我們要感恩，感恩生命帶給你美好的旅途；在舉步艱難的崎嶇山路上，你要感恩，感恩生命給予你非比尋常的體驗。感恩父母能帶給你溫暖的家庭，能帶給你恆久的愛，他們是你至親至愛的家人，他們對你凡事包容，凡事相信，凡事盼望，凡事忍耐，這種愛永不止息，永遠恩慈。感恩老師帶給你受用終生的教誨。居禮夫人說：「不管一個人取得多麼值得驕傲的成績，都應該飲水思源，都應該記住是自己的老師為自己的成長播下了最初的種子。」感恩生活帶給你的低落和挫折。心情的低落會使你更好審視自己的不足，更準確的認識自己的不足，更細緻的聆聽自己的內心。至於挫折，它是在提醒你，提醒你也許你某個方面做得還不夠好，也許你在某一個環節出了錯誤，挫折會給你最快成功的方法，它教你反思，促你奮進。縱使這一天平淡無奇，你也要感恩，感恩生命讓你平安度過一天，感恩身邊同學的陪伴，感恩自然萬物帶給你美的體驗。時刻懷著一顆感恩的心，用感恩回報生命。

如果說人生是一段路程，總會有人在半途離你而去，也會有人與你相遇。誰也不能阻擋時間的流逝，所以，在這分分合合的旅程裡，你學會了嗎？請保持微笑，感謝現在自己所擁有的。現在，你應該高興，因為你很健康，不像別人在經歷病痛；現在你應該慶幸，因為你還活著，還可以享受活著的美好；現在你應該開心，因為即使誰也不懂你，但是在這個世界還有那麼多人陪著你。

世界上最美好的東西不是得不到，也不是已失去，而是現在擁有的。現在擁有的都是世界上獨一無二的。如果你錯過了，那麼你就會永遠錯過。一個人不可能兩次進入同一條河。一個轉身，早已是物是人非。不是他們對你不忠誠，而是你錯過了時機。曾聽人這樣說，如果時間可以重來，她只想珍惜她眼下所擁有的，而不是去追求得不到的。人生不過幾十年，誰也保不准下一秒是不是最後一秒，也不知道下一秒又會突然錯過了哪個人。而過去已經過去了，即使一直很用力的奔跑，你也追不回來逝去的東西。只有現在，手裡握著的才是最真實的，才真正是屬於自己的。擁有現在就是一種幸福。

心寬，才能天地寬

法國作家雨果說過：「比大地更寬廣的是海洋，比海洋更寬廣的是天空，比天地更寬廣的是人的胸懷。」曾幾何時，這句話成為我們心中的至理名言。因為它教育我們，人不僅要誠實守信，知恩圖報，更重要的是學會怎樣寬容他人。

做人首先要心胸寬廣，那就得有「得讓人處且讓人」的寬容。更要學會體量別人的難處，諒解別人的錯處，關注別人的長處，心胸開闊與否或許和性格有關，但絕對和後天教養有關，有意識的去讀些書，提高自己的文化素養，開闊視野，有意識的去關注一些大事情，讓自己的心去追逐遠大高尚的目標，久而久之，博覽群書，知書達禮，漸漸的就會悟出一個道理：天下有那麼多的知識要學，有那麼多的事情要做，哪還顧得上為一點點芝麻綠豆小事傷腦筋，為點蠅頭小利計較，為個人的雞毛蒜皮之事糾纏不清？

寬容大度的事例在歷史上不計其數，其中享有盛名的當屬「六尺巷」的故事了。俗話說：「宰相肚裡能撐船。」要做到寬容，必須要大度，別人做錯了事，不要一味指責，應該給予鼓勵和信心，使其重新振作起來。當然，寬容也不是一味原諒，它是建立在道德層面上的，對於一些犯了重罪的人，就應該給予一定的懲罰，否則他們只會逍遙法外。

海納百川，有容乃大。寬容能融化冰雪，使人們重新和好，寬容能使兩個仇人化為朋友。寬容能鼓舞人心，使失意的人重新振作，寬容能看出一個人的道德修養，人文品質。寬容的人，必定是一位心胸開闊的人。

寬容是人際交往中的一門藝術。當你有一顆寬容的心，你就能包容各種觀點，潤滑彼此的關係，消除彼此的隔閡。在工作中，寬容之心能迅速化解矛盾，消除委屈、怨憤、嫉恨等負面情緒，讓我們集中精力做好自己手頭的工作。從事採購工作的，與供應商之間，看似處在對立面，但如果我們能同理心，就能充分理解對方的想法，工作起來也就能把握更大的主動性。「捨得」兩字看似簡單，但做起來卻不容易。在現代社會中，我們面臨各種各樣的誘惑，但只要你把心放寬，認清什麼該舍，什麼該得，就不會在物欲橫流的社會中迷失方向、迷失自己。與其改變世界，不如改變自己的心態，以寬容之心來對待一切。得與失只是一個過程，只是一種生活態度。經歷了太多的挫折，走了太遠的路，人的心靈會沾染些許灰塵，這時，我們就應該學會拂去塵埃，放寬心態，使黯然失色的心靈閃光，使自己煥然一新。其實，心有多寬，天地就有多寬。心寬一點，快樂就會常伴左右。

「君子和而不同，小人同而不和」，這是聖人孔子所發出的哲語；「我不同意你的觀點，但我誓死捍衛你發言的權利」，這是在黑暗時代中伏爾泰理性、寬容的閃光思想。由此可以看出，人的心胸是否寬廣，並非與生俱來，而是在後來的生活中逐漸形成的。一個人的生活環境包括物質環境和精神環境。物質環境應該是人成長過程中所接觸到的物質生活條件，而精神環境就應該包括父母的為人處世方法、父母的教育、與周圍人的融洽程度等。那麼，在實際生活中，胸懷寬廣的重要性有哪些？筆者認為有以下幾個方面：

胸懷寬廣做人，就會恬淡和從容。世界上最廣闊的是人的胸懷，可以無所不容，世界上最狹隘的也是胸懷，胸懷寬廣之人，博愛無邊，樂觀向上，視野廣大，理解人；心胸狹隘之人，悲觀、偏激、自負、自私。其實，人生的生活也像支曲子，有時高昂，有時低沉。有時候，生活就像座山坡，有上的時候，也有下的時候，所以，在順心的日子裡，要保持那份恬淡，不要得意忘形，忘乎所以；在不順心的關卡，你也要保持一份從容。

胸懷寬廣做人，就要學會遺忘。凡事像過篩子過濾一遍，真實的美好的，能激勵自己前進的，能讓自己生活多些樂趣的，就把它留下來，銘記在心裡，否則，就統統丟到一邊去，忘卻這一部分。如果沉溺其中，只能成為沉重的包袱，使你舉步維艱，寸步難行。

一個人應該心胸寬廣，氣量應該大一些。在一些非原則的事情上，不要過分斤斤計較，應時刻保持樂觀的心情，這樣既能對自身的健康有利，又能保持良好的人際關係。擁有寬廣的心胸，才能容人之所錯。對人寬容大度，才能受到別人的尊重。要想成就大事業，虛懷若谷的胸襟是必不可少的。

第五章

第六章

美好的生命應該充滿期待、驚喜和感激。

——柏拉圖

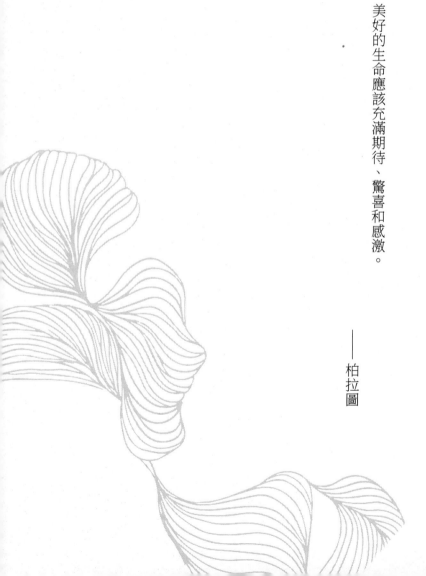

計較的越多，得到的越少

古人云：「好漢不吃眼前虧。」好像只有這樣，才能保全自己的利益，才能被人看得起。但在現實生活中，有時吃點小虧反而能占大便宜，好漢也不要與人斤斤計較，要吃得起「眼前虧」。「好漢要吃眼前虧」的目的，是以吃「眼前虧」來換取其他的利益，是為了生存和實現更遠的目標。如果因為不吃眼前虧而蒙受巨大的損失，甚至把命都丟了，哪還談得上日後得福呢？

在人們心目中，好漢的標準是要光明磊落、果斷勇敢、敢作敢為，在任何時候都會保護好自己的利益不受他人損害，但這也得有個度。如果因一時莽撞，逞血氣之勇，認為「士可殺不可辱」，「吃不得一點眼前虧」的話，往往會為一件微不足道的小事，而吃大虧，到時後悔都來不及。真正的好漢是不會那樣做的。有時，吃點「眼前虧」，正是為了換取以後的「得福」，敢於吃眼前虧的好漢，絕不是面對危害自己的一點利益就不顧性命的一介莽夫，他們是在以眼前小虧換取日後大益。有心胸的人，才能成為真正的好漢。俗話說「宰相肚裡能撐船」就是這個道理。要想成就大事業，必須有大度量。嚴於律己，寬以待人，是待人接物的重要原則。

七十多年前，一位挪威男青年漂洋來到法國，他要報考著名的巴黎音樂學院，考試的時候，儘管他竭力將自己的水準發揮到最佳狀態，但主考官還是沒有相中他。身無分文的他來到學院外不遠處一條繁華的街上，勒緊褲帶在一棵榕樹下拉起了手中的琴。他拉了一曲又一曲，吸引了無數的人駐足聆聽，飢餓的青年男子最終捧起自己的琴盒，圍觀的人們紛紛掏錢放入其中。

一個無賴鄙夷的將錢扔在青年男子的腳下，他看了看無賴，最終彎腰拾起了地上的錢遞給無賴說：「先生，您的錢丟在了地上。」無賴接過錢，重新扔在青年男子的腳下，傲慢的說：「這錢已經是你的了，你必須收下。」青年男子深深對他鞠了一個躬說：「先生，謝謝您的資助，剛才您掉了錢，我幫你撿了起來，現在我的錢掉到了地上，麻煩您幫我撿起來。」無賴被青年男子出乎意料的舉動震撼了，最終撿起地上的錢放進琴盒，然後灰溜溜的走了。圍觀者中有一雙眼睛一直默默關注著青年男子，他就是剛才的那位主考官，他將青年男子帶回學院，最終錄取了他。這位青年男子叫比爾．撒丁，後來成為挪威小有名氣的音樂家，他的代表作是《挺起你的胸膛》。

東晉時期，後趙王石勒曾召請武鄉有聲望的老友前往襄國（今河北省邢臺），同他們一起聚會飲酒。當初，石勒出身貧賤，與李陽是鄰居，多次為爭奪漚麻池而相互毆打。所以只有李陽一個人不敢來。石勒說：李陽是個人傑，爭漚麻池之事，那是我當平民百姓時結下的怨恨。我現正在廣納天下人才，怎麼能對一個普通百姓記仇呢？於是急速傳召李陽，同他一起飲酒，還拉著他的臂膀開玩笑說：我從前挨夠了你的拳頭，你也遭到了我的痛打。隨後任命李陽做參軍都尉。

為了所謂的「面子」和「尊嚴」，甚至為了所謂的「公理」和「正義」而與對方搏鬥，有些人因此而一敗塗地，命喪他鄉！有些人則獲「慘勝」，但是元氣大傷！他們做之前是否想過這樣的後果？古代有很多名人志士都深知「吃眼前虧」的好處，比如：廉頗和藺相如的故事，眾人皆知，試想如果藺相如吃不起眼前虧，和廉頗爭一時之氣，又怎會有「負荊請罪」的千古佳話。吃點眼前虧，不僅可以顯示自己寬巨集的氣度，還能保住有用之軀，這不失為一種明智之舉。古語說得好：吃虧人常在世，貪小便宜壽命短。所以，碰到對自己不利的環境時，千萬別逞一時之勇，寧可吃點眼前虧。

有一個經營裝修器材的老闆，沒有多少文化，也沒有社會背景，但生意興隆，而且歷經多年，長盛不衰。說起他的經營之道其實相當簡單，就是他與每個合作者分利的時候，他都只拿小頭，把大頭讓給對方。這樣一來，凡是與他合作過的人，都願與他繼續合作，而且還會介紹一些朋友，再擴大到朋友的朋友，其中多數也都成了他的客戶。人人都說他人好，因為他只拿小頭，但所有人的小頭集中起來，就成了最大的大頭，他才是真正的贏家。在人際交往中，如果人們能捨棄某些蠅頭小利，也將有助於塑造良好的自我形象，獲得他人的好感，為自己贏得友誼和影響力。有句口頭禪說得好「大人不計小人過」。即遇事不要與人斤斤計較，應該把便宜、方便讓給他人，這樣與他人之間的矛盾就會減少，人際關係也會融洽，這樣的君子風範才是大人的處世之道。

在生活中，我們既應該與人為善，也應該學會維護尊嚴和權利。要做到二者兼顧，就需要把握好分寸，這樣才能使自己充滿力量，而這種力量將會使我們走向成功的人生。現在很多年輕人容易為一些非常小的事情煩惱，把問題過度放大。仔細想一想，這些可能都是一笑置之的小事。比如有個陌生人無意中踩痛了你的腳，你不但無法釋懷，反而確信自己應該生氣。之後還會把這件事告訴別人，無法一笑置之。實際上，不管你的忍耐限度是多少，當你遇到自己不能輕易原諒的情況時，你可以選擇讓生氣主宰你的生命，你也可以選擇忘記生氣，不再受生氣的控制和束縛。一直緊抓著生氣不放，會讓人筋疲力盡，只要能忘掉生氣，就能讓你精力充沛。不論你有多生氣，或是遇到多麼不可原諒的事情，放走它是給自己最好的療傷禮物。

忘記生氣，放它走的過程，對每個人而言都不同，你可以想像生氣就在你的背包裡，而你正背負著沉重的負擔，然而每走一步你就一點一點放走生氣，減輕重量負擔，直到生氣完全消散，你的生氣背包將不再成為你未來旅途的障礙。

相信自己的價值

一個人活在世上靠什麼呢？靠的是自信，而不是自卑。如果一個人缺乏自信心，他就過得昏昏沉沉，將被世界所遺忘。我們活在世上，總有一個人生的目標，那就是成功。那麼想成功，靠的是什麼呢？是自信！天生我材必有用，其實每個人都是一塊金子，只是在紛繁的世界中蒙了灰，落了塵，發不了光。暴雨中，沒有傘的孩子就必須努力奔跑，猶如徜徉在人生的道路上，不前進就會淹沒於滾滾沙塵，逆水行舟，不進則退。也許這條路會很長，很艱難，但相信自己，無論多遠，多坎坷，它都在我們腳下。

少年壯志不言愁，在這個殘酷的社會，需要的不是抱怨，你沒有這時間。匆匆人生數十載，一晃而過，但這一過程中，有太多的事等著你去做，有太多的情需要你去付出，有太多的人等著你去關懷。未來你不能洞悉，過去你又不能改變，你只能把握現在。一朝的抱怨也帶不來成功，換來的只是他人的同情與憐憫，一路人生，難道就要這樣乞討走過嗎？有人會說「為什麼痛苦總落在我身上」，其實上帝是公平的，屬於你的終究逃不掉，付出了，才有回報。每個人都有磨難，不要嫉妒別人，幸福好似背影，看到的總是別人的，但你身後的人何嘗不是在眼紅你呢？相信自己，一切困難都能戰勝，相信命運的條紋總是握在自己手心。

索尼亞．斯米茨是美國著名女演員，她的童年時光是在加拿大渥太華郊外的一個乳牛場裡度過的。那時，她在農場附近的一所小學裡讀書。有一天，不知道為什麼她回家後很委屈的哭了。父親見狀就問她怎麼了。她抽泣著說：「爸爸，我很醜嗎？班裡一個女生說我長得很醜，還說我跑步的姿勢難看。我真的很醜嗎？」父親聽後，充滿憐愛的微笑著說：「親愛的索尼亞，你信不信，我能摸得著我們家的天花板。」正在哭泣的小索尼亞聽後覺得很驚奇，她不知道父親想說什麼，就反問：「你說什麼？」

父親又重複了一遍他的話：「我能摸得著我們家的天花板，你相信嗎？」索尼亞忘記了哭泣，她仰頭看看天花板。那可是將近四米高的天花板啊！父親不高大的身材怎麼可能摸得到呢？她無論如何也不能相信父親說的話。父親笑笑，有些得意的說：「你不相信吧？那你為什麼要相信那個女孩說的那些話呢？因為有些話並不真實可信，而且不是事實！」這時，索尼亞終於明白了一個道理，那就是——不能太在意別人說什麼，凡事要有主見！

索尼亞在二十四歲的時候，已是個頗有名氣的演員了。有一次，按照演出安排，她要去參加一個集會。可臨出發之前，經紀人告訴她，由於天氣狀況不好，只有很少人參加這次集會，會場的氣氛可能會有些冷淡。其實經紀人的意思是，索尼亞剛出名，她應該把時間花在一些大型的活動上，以增加自身的名氣。但是索尼亞不這麼想，她堅持要參加這個集會，因為她在報刊上承諾過要去參加：「我說過的話一定要兌現，因為在我看來，那是承諾。」結果，那次在雨中舉行的集會，由於有了索尼亞的參加，廣場上的人越集越多，她的名氣和人氣也因此驟升。後來，她又自己做主，離開加拿大去美國演戲，成為了聞名全球的演員。

世界上只有想不通的人，沒有走不通的路。無論生活多迷茫，也不要忘記學習。現在，你可能生活在社會的底層；你可能在為工作到處奔波；你也可能迷失了方向，找不到目標，但不管屬於哪種，不要忘記學習。知識是人類進步的階梯，而學習又是一個循序漸進的過程，你也許看不到自己的成長，但事實的確在提高。或許生活不眷顧你，但是知識永遠可以創造神話，無論過去，現在還是將來。

喬．吉拉德——金氏世界汽車銷售冠軍，被稱為世界上最偉大的銷售員，連續十二年榮登金氏世界紀錄大全銷售第一的寶座，他所保持的世界汽車銷售紀錄：連續十二年平均每天銷售六輛車，至今無人能超越。他曾經連續十五年成為世界上售出新汽車最多的人，其中的六年平均每年售出汽車達一千三百輛。喬．吉拉德還是全球最受歡迎的演講大師，曾為眾多世界五百強企業精英傳授他的寶貴經驗，來自世界各地數以百萬的人們被他的演講所感動，被他的事蹟所激勵。三十五歲以前，喬．吉拉德是個全盤的失敗者，他患有相當嚴重的口吃，換過四十個工作仍一事無成，甚至曾經當過小偷，開過賭場；然而，誰想像得到，像這樣一個誰都不看好，而且是背了一身債務幾乎走投無路的人，竟然能夠在短短三年內爬上世界第一，並被金氏世界紀錄稱為「世界上最偉大的推銷員」。

他是怎樣做到的呢？虛心學習、努力執著、注重服務與真誠分享是喬．吉拉德四個最重要的成功關鍵。銷售是需要智慧和策略的事業。但在我們看來，信心和執著才最重要，因為按照預測推斷沒人會想到喬．吉拉德後來的輝煌！由此可以推斷，如果你的出身比喬．吉拉德強，沒有偷過東西，也不口吃，那你沒有理由不成功，除非你對自己沒有信心，除非你真的沒有努力過，奮鬥過！

現實生活中，有的人總有一種自卑的心理，以為自己的相貌、學識、錢財、地位都不如人，總是鬱悶，心頭籠罩著一層陰影，不能正常的工作、學習和生活，把自己壓得喘不過氣來。其實這種想法是不對的。俗話說：「金無足赤，人無完人。」何必這麼否定自己呢。我們應該給自己一份鼓勵、一份信心。獲得成功，首先要戰勝自己，戰勝怯弱，戰勝自卑，否則永遠不可能成功。

微笑是最美的幸福語言

人的一生中，難免會有一些挫折、煩心、哀傷、痛苦的事。這時候，不少人選擇輸給生活，讓生活指使他。而很少有人明白生活正在考驗自己，只要我們盡力向生活微笑。那麼，生活就自然會對你微笑。其實，生活就像一面鏡子，你對它笑，它就對你笑。生活有時雖然非常殘忍，但你只要努力的去面對它，戰勝它，用自己甜美的微笑感動它，它一定會向你屈服。

微笑是世界上永不凋零的花朵，它不分四季，不分國界，只要有人群的地方它就存在，就會開放，越是積極樂觀的態度，越是為其綻放快樂的微笑。有人說：「只要能活著就是一種幸福，就是勝利，就是一切。」這話不一定準確，如果人在生活中連最起碼的微笑都沒有，那他會幸福嗎？如果我們用微笑面對生活，生活也會用微笑回報你。微笑像陽光，給大地帶來溫暖；微笑像雨露，滋潤著大地。微笑猶如擁有愛心一樣的魔力，可以使飢寒交迫的人感到人世間的溫暖，可以使人走出絕境讓人重新看到生活的希望，可以使孤苦無依的人獲得心靈的慰藉，還可以使心靈枯萎的人感到情感的滋潤。俗話說：「笑一笑，十年少。」永遠微笑的人是快樂的，永遠微笑的臉孔是年輕的。歡樂喜悅，煩惱憂傷，都是每個人自找的。生命總是美麗的，不是苦惱的。不是幸福太少，只是我們不懂把握。面對生活，不論是失意，還是挫折；不論是烏雲密布，還是困難重重，我們都應當選擇用微笑去面對。請記住一句話，微笑永遠是女人最美好的化妝品，是男人一封永恆的介紹信。所謂生活，可以簡單解釋為生命的活法。不同的人有不同的生活，因此，不同的人對生命也有不同的感悟，關鍵是看你如何去把握生活，享受生命。我們要用一種樂觀的態度去面對生命，微笑著生活。

人生在世，痛苦、失敗和挫折在所難免，我們應以積極的態度對待生活，不管發生什麼，都要微笑去面對。微笑去面對失敗，在失敗中總結經驗教訓，你會變得堅強；微笑去面對痛苦，一切會煙消雲散，煩惱將不再糾纏。用微笑面對人生，就是享受人生，享受生活，快樂生活，健康生活。微笑著，去唱生活的歌謠，把塵封的心胸敞開，讓狹隘自私淡去；把自由的心靈放飛，讓豁達寬容回歸。生活中，我們要有個好心情，活出快樂，活出自我，微笑面對人生中紛繁世事。因為，人生美麗的時刻，不一定是擁有金山銀山、揮金如土的瞬間，而往往是心無掛礙的一絲微笑。會微笑的人，能夠坦然面對紛繁世事，能夠榮辱不驚的正視自己生存時空的尷尬與不幸。因為他們心平氣和、內心富有而時時面帶微笑。

微笑是最具吸引力的無言之美，是一個人的內在氣質與修養的反映；常常微笑，慈悲的心會成長，還能給別人帶來快樂。發自內心的微笑，能夠改善人的情緒、減輕壓力、增強人的免疫系統。心煩意亂時能撥開雲霧，使你心平氣和走出頹廢的低谷，讓沉重的步履變得從容，讓憂鬱的心靈充滿陽光。微笑能給人力量，當你微笑著面對人生的時候，它會讓你戰勝困難的意志變得更頑強，讓你前行的腳步更堅定，讓你更有勇氣去面對人生的坎坷崎嶇。

不經意的微笑裡，其實還包含著人生的大智大慧，大徹大悟。時時面含微笑是萬金都不換的幸福。學會在生活中面帶微笑，這樣會使人天天情緒愉快，開朗積極。微笑是心靈的盛宴，是生命的樂土。微笑著的人生應成為每個人的至高追求。微笑著的人，因心平氣和、內心富有而時時面帶微笑。用心去微笑，沒有什麼會比經常的擁有一顆快樂的心更富有的了。

微笑是一種超然的人生態度和處世之道，會微笑的人需要一份豁達，更需要一份心智。在人生中，當自己疲憊不堪的時候，就給自己一曲悠揚的旋律，把自己生命中最美的心弦唱響；當自己的愛情遍體鱗傷的時候，請給自己一束鮮豔的花朵，讓自己的愛情之花綻放得更美麗；當命運坎坷滿途的時候，請給自己一點精神營養的微笑，給自己的風雨人生一抹最美的彩虹。芸芸眾生裡，沒有誰會比永遠擁有一顆快樂之心的人更富有，當你把微笑給了世界的時候，世界也會把微笑給你，讓我們用心去微笑，享受人生，享受生活，享受快樂，讓自己的生命更有光彩、更具魅力、更有價值。

我們應該學會向生活微笑。向生活微笑的人，生活也會向你微笑。生活就好比打牌，在手裡的牌不管好壞，都要耐著性子把它打完，並盡可能努力打好。生活亦是如此，不管發生了多大困難，都要保持平和心態去一一面對，這是最好的方法和態度。記住了這一條，轉身面向陽光，身子就不可能陷在黑暗的陰影裡。

生活中的煩惱像灰塵一樣，無處不在，心要常常保持快樂，不必把人與人之間的瑣事當成是非。常常痛苦和煩惱，有意並堆積於心，這完全沒有必要。更不要在是非中彼此製造摩擦，有些話語稱起來不重，但稍有不慎便會重重的壓在別人心上。同時也要訓練自己，絕不要輕易被別人扎傷。正所謂得之我幸，不得我命！一個人的快樂不是因為擁有得多而是因為計較得少。多是負擔，是另一種失去；少不是不足，而是另一種有餘，另一種更寬泛的擁有。我們不能決定生命的長度，但可以擴展生命的寬度；不能改變天生的容貌，但可以時時展現動人的笑容；不能企圖控制他人，但可以好好掌握自己；不能全然預知明天，但可以充分利用今天；不能事事順利，但可以做到事事盡心。

向生活微笑，就是以善良誠意和身邊的每一個人交往，向別人微笑，別人也會報之以微笑。生活中人人臉上開滿花朵一樣的微笑，那肯定是最美好的生活。一個自始至終微笑著的人生，肯定是最美麗的人生。以一顆感恩的心去接受傷害自己的人，感謝他們讓你成長，寬恕他人，原諒自己！

用熱情點亮生活

生活中，我們總是可以見到這樣的人，他們熱情如熾、生龍活虎，彷彿上足了發條似的，渾身似乎有使不完，工作起來，他們熱情投入；娛樂起來，他們熱情參與；在家裡，無論人多人少，他們都能讓全家歡樂愉快；在公司，他們能感染同事或團隊成員，讓他們也充滿熱情。這樣的人，滿地的空氣都會為他清新起來，滿天的雲彩都會為他美麗起來！

生活中，我們也總是可以看到另一種人，他們死氣沉沉，生活如一潭死水，工作也死水一潭，用一句確切的話形容他們，就是「不死不活」。他們所到之處，也會帶來一片陰霾，不是他搞得身邊的人死氣沉沉，就是身邊的人離他而去。這樣的人，天空會因之灰暗，大地會因之蒼白。可見，熱情對於一個人的成功是多麼重要。如果你失去了熱情，那麼，你有可能丟掉一切，憑藉熱情，你可以培養出一種堅強的個性，憑藉熱情，你可以把枯燥乏味的工作變得生動有趣，培養起對事業的熱烈追求；憑藉熱情，你會擁有良好的人際關係；憑藉熱情，你可以獲得老闆的提拔和重用，贏得更珍貴的成長和發展機會。

生活也許並不是那樣光鮮亮麗，熱氣騰騰，它需要我們以熱情調色、烘焙。以熱情的態度來對待人生，人生就會變得輕鬆愉快，生活才會有樂趣，工作才會有成就。可見，熱情的態度是做任何事情的必要條件。任何人，只要有了這個條件，就有了成功的可能。那些對工作厭倦從而感到前途無望的人，往往把工作當做一件苦差事，這樣的工作態度決定了他很難對工作傾注熱情。而如果把工作當成一項事業來看待，熱情投入，情況就會完全不同。

李素麗是公共汽車的一名售票員。她在平凡的職位上，十五年如一日，用真情和熱忱架起了一座與乘客相互理解的橋梁，被乘客譽為「老人的拐杖，盲人的眼睛，外地人的嚮導，病人的護士」。

一次，李素麗的車正在行駛途中，一位中年男子突然犯病。她見狀忙喊司機停車，並扶起病人，用手指掐住他的人中。這時，病人的鼻涕、口水順著她的手往下流。她一邊照顧病人，一邊在司機的配合與乘客的幫助下連背帶抬的把病人送到附近醫院，掛號取藥一通忙乎，直到病人脫離危險。後來，這位乘客拿著一盒糖果找到車隊，見到李素麗後不停的說：「那天真虧了你們，要不是你們及時送我上醫院，真不知怎麼樣。」

這樣的事例實在不勝枚舉。李素麗總是以女性特有的溫柔和細膩對待車上的每一位乘客。只要坐上公車，你肯定會在不經意中感悟到她體貼入微的情意。她總是堅持自己報站，沿途的宣傳用語都經過了自己一字一句的斟酌，每一句話，每一個語調，她都力求達到親切、完美。

李素麗很善於觀察。她針對不同乘客的特性和需求，相對的採用不同服務方式：上班族被她分為第一類乘客。這些乘客諳熟環境，來去匆匆，只求班車準時，無須太多照顧。早晨搭車，她就提醒他們別坐過了站。中小學生是又一類乘客。活潑好動的天性使得李素麗總不忘對他們說一句「過馬路要小心，注意安全」。第三類乘客是外地打工族。他們每每蜂擁而至，上車時爭先恐後。李素麗經常教育他們，要養成良好的乘車習慣，保持良好的公共秩序。人數最多的一類乘客是人生地不熟的觀光遊客。李素麗會熱情洋溢向他們介紹沿途的風景名勝，對他們的提問更是不厭其煩。最需照顧的是她總結出的第五類乘客，即老、弱、病、殘、孕。對這類乘客，她總是盡其所能予以照顧。在她的車上，他們用不著擔心找不到座位或發生什麼意外。

李素麗的真情流露還來源於她極強的敬業精神，或許她並沒有意識到這一點，但她在工作、生活中的點滴小事卻讓人實實在在的看到了她對乘客一顆誠摯的心。熟悉她的人都知道，有事找她，盡量別在晚上八點到八點半，因為這是她學習英語的時間。李素麗用她火熱的心溫暖每一位乘客，乘客們也把素麗視為自己的親人。她先後榮獲許多獎項及光榮稱號。

在日常生活中，我們在面對從來沒有經歷過的事和陌生的環境總會心存畏懼。因此，超越畏懼，不怕畏懼，面對畏懼，征服畏懼是培養熱忱和信心的一個重要途徑。怎樣在生活當中有效提高自己的熱忱程度呢？筆者認為應該從以下兩個方面著手：一是強迫自己採取熱忱的行動，並持之以恆，你就會逐漸變得熱忱。二是深入挖掘你的題目，研究它，學習它，和它生活在一起，盡量收集有關資料，這樣就會在不知不覺中使你變得熱忱。例如：卡內基以前並不崇拜林肯，直到寫了一本關於林肯的書以後這種態度才發生了改變，他開始了對林肯的熱心崇拜。所以，有些時候，只有在深入了解之後，你才會對某些人和事產生熱情。

所以，不管你以前是不是一個熱情的人，從現在開始，你都要向著這個方向努力。這並不難做，只要從小事做起就可以了。每天都要比別人先行一步，積極主動做事，走路時昂首闊步，對人對事充滿興趣，不讓沮喪的情緒停留。美國德克薩斯州有句古老的諺語是這麼說的：「濕火柴點不著火。」如果我們想讓自己的工作和生活充滿活力與熱情，那麼就點燃熱情的火把，它會使我們成為熱情洋溢、生機勃勃的人，讓我們不斷開創新的局面；否則，我們將終身陷入平庸之中。拿破崙．希爾曾說過：「要想獲得這個世界上的最大獎賞，你必須擁有過去最偉大的開拓者所擁有的將夢想轉化為現實的熱情並以此來培養和發展自己的才能。」美國思想家愛默生曾寫道：「人要是沒有熱情，是做不成大事業的。」

熱情是人們將內心的感覺表現出來的一種行為，挖掘人們對討論自己感興趣的問題的興趣，並打動人們的內心世界。同時，熱忱也是有一定限度的，不能把熱情和大聲呼喚混合在一起。熱情指的是一種精神本質，深入人的內心。如果你內心裡充滿要幫助別人的熱忱，你就會興奮。你的興奮從你的眼睛，你的靈魂以至你整個人的各方各面散發出來，你振奮的精神也會鼓舞和溫暖身邊的人。

感謝那些有恩於你的人

在現實生活中，經常可以見到一些不停埋怨的人：「真煩，他怎麼能這樣做！」「真倒楣，一出門就塞車了。」「真慘啊，錢包丟了，車也壞了。」「唉！股票又被套上了。」要是這樣，這個世界對我們來說，永遠沒有快樂的事情，高興的事被拋在了腦後，不順心的事卻總掛在嘴邊。每時每刻，他們都有許多不開心的事，把自己搞得很煩躁，把別人搞得很不安。其實，所抱怨的事並不是什麼大不了的事，在日常生活中是經常發生的一些小事情。但是，明智的人一笑置之，因為有些事情是不可避免的，有些事情是無力改變的，還有些事情是無法預測的。能補救的則需要盡力去挽回，無法轉變的只能坦然受之，最重要的是要做好目前應該做的事情。

有些人把太多的事情視為理所當然，因此心中毫無感恩之念。既然是當然的，何必感恩？一切都是如此，他們應該有權利得到。其實正是因為有這樣的心態，這些人才會過得一點也不快樂。有些人說：「我討厭我的生活，我討厭我生活中的一切，我必須做一點改變。」這些人必須改變的是他們不知感恩的態度。如果我們不懂得享受我們已有的，那麼，我們很難獲得更多，即使我們得到我們想要的，到時也不會享受到真正的樂趣。

在現實生活中，我們常認為怎麼樣才是最好的，但往往事與願違，使我們不能平靜。我們必須相信：目前我們所擁有的，不論順境、逆境，都是對我們最好的安排。若能如此，我們才能在順境中感恩，在逆境中依舊心存喜樂。感恩是一種人格特質，是一種人生態度，是一種道德修養。人生一世，不如意的事十有八九，如果我們遇到不如意的事，成天忐忑不安，那生活就索然無味了。相反，如果我們擁有一顆感恩的心，善於發現事物的美好一面，感受平凡中的美麗，那我們就會以坦蕩的心境、開朗的胸懷來應對生活中的酸甜苦辣，讓原本平淡乏味的生活煥發出迷人的色彩。我們就會感受到生活中的友愛、幸福和快樂。

蒼天賦予了我們一顆感恩的心，生活中只要我們懂得感恩，人與人之間就會充滿友善，世界就會更加燦爛，生活中就會擁有更多溫馨。俗話說：「滴水之恩，湧泉相報。」一個知恩圖報的人，一個懂得感恩的人，他的心是真誠的，他的品質是善良的，道德是高尚的。感恩，是我們處之泰然時的一種善舉；是我們風調雨順時的一種回報；是我們安居樂業時的一種洋溢；是我們刻骨銘心時的一種良心感知。無論你是孩子還是成人，都應牢記養育我們的父母；為我們提供方便的朋友、同事；你就會不辱使命，刻苦學習，努力工作；你會在朋友、同事遇到困難時伸出援助之手。感受付出時的快樂，感受他人給予的回報，哪怕是一次微笑！

懂得感恩，人就會有強烈的責任感，就會有勇於負責的精神，現實生活中，不求上進、損人利己的人比比皆是。如果我們懂得感恩，就不會做出違背自己良心的事情，就不會有那麼多的家庭妻離子散，每一個人也就不會有那麼多的煩惱和痛苦；懂得感恩就不會因物質的豐富而空虛了精神；感恩生命帶來的一切，哪怕是痛苦的經歷也該感恩生命，正因有了痛苦，我們才能感受快樂。

有一個佛陀，乘船渡江，不想風大浪高，把船打翻了。佛陀像一片樹葉般的在江中沉浮了許久，才筋疲力盡爬上岸來。到了岸上的第一件事，不是責罵船家的無能讓他遺失隨身攜帶的一切，也不是詛咒惡風險浪差點要了他的命，而是跪在沙灘上遙拜師父：「謝謝師父！」有人不解問：「你為什麼不謝謝菩薩？」佛陀說：「原來我並不喜歡游泳的，都是師父每次強把我拉入水中，教我學會的。不是師父，我命今日休矣！」遇了難，不是責備任何一個人，而是心存感激，人生達到了如此的超然境界，遇事如此的豁然通達，在這個世界上，還有什麼事情能讓你痛苦和憤恨的呢？

如果你是一個苦惱的人，你應該學會感恩，因為感恩是驅除你苦惱的一劑良方妙藥；如果你是一個對生活心灰意懶的人，你應學會感恩，因為感恩的時候就是你身心得到溫暖的時候；如果你是一個鬱鬱不得志的人，你應學會感恩，因為感恩會使你的心情漸漸舒暢，漸漸平和；如果你是一個被生活壓得喘不過氣來的人，你應學會感恩，因為感恩會使你逐步釋放重負、放鬆身心；如果你是一個只顧索取的人，你更應學會感恩，因為感恩會使你變得適當給予；如果你是一個快樂的人，你也應學會感恩，這樣，你的快樂就會取之不盡！

人生的道路上，我們懂得感恩，就可以使我們忘記煩惱，克服困難，戰勝自我。你應該時時刻刻的感恩生活，讓你的生活充滿陽光，如果你不懂得感恩生活，不懂得去珍惜你身邊的人，不珍惜每一次到手的機會，那麼，你最終將會落得一事無成、眾叛親離的後果！人生感恩的理由有無數，但不感恩的理由卻只有一個——忘恩負義。殊不知，失敗或不幸時受到懲罰的只能是自己。如果我們懂得感恩，失敗時我們可以看到自己與他人的差距；在不幸的時候，會得到他人的慰藉。然而，物欲橫流的今天，人們感恩的心隨著歲月的流逝越來越淡薄，從上學的孩子到行走社會的成人，有的人，只知道索取，不懂得付出，忘記了養育我們的父母；忘記了守候我們的妻子兒女；忘記了曾經關心過、幫助過我們的朋友。其實，我們之所以能學業有成，工作順利，衣食無憂，是他們默默奉獻的結果。如果沒有父母的疼愛、妻子的支持、朋友的關照，我們也不會有今天的輝煌。當我們奔波於學業和事業時，不要忘記他們，在我們最失意、最困難的時候他們不離不棄，給了我們無私的幫助和關心，我們的心靈才得以慰藉！

人生在世，我們要學會忘記那些應當忘記的，記住那些應當記住的。放下那些傷害、那些卑微和汙穢；記住那些溫情、友愛和良善。人生只是一個過程，過程以外，什麼都留不下，包括我們很在意的名譽、地位、財富。世間沒有比友情、親情、愛情更寶貴的東西，那才是真正的人生財富！

所以，當我們活著的時候，記住那些在困難時幫助過我們，在痛苦時安慰過我們的人們。始終心懷感激，為那些想著我們、記著我們、愛著我們的人們，做好力所能及的事，讓我們過好每一天，快樂每一天，享受每一天，美麗每一天，世界就會充滿友愛，我們的人生就會絢麗多彩！

走出人生陰影的角落

奧地利著名心理學家阿爾弗雷德·阿德勒在其《自卑與超越》中指出：每個人都有不同程度的自卑感，因為沒有一個人對其現時的地位感到滿意；對優越感的追求是所有人的通性。然而，並不是人人都能超越自卑，關鍵在於正確對待職業、社會和性，在於正確理解生活。那些自幼就有器官缺陷或被嬌縱、被忽視的兒童，以後在生活中容易走上錯誤的道路；家長和教師應培養他們對別人、對社會的興趣，使他們真正認識「奉獻乃是生活的真正意義」。這樣，他們就能夠從自卑走向超越。

自卑，是一種容易產生壓抑、淒冷、孤獨的情感，這種情感在心理學上一經形成，就具有擴散性和感染性，它籠罩著人們的學習、交往、工作、生活的各個方面。心理學家認為：一個人如果自慚形穢，那他就不會成為一個完美的人；如果他不覺得自己心地善良，即使在心底隱隱的有此種感覺，那他也成不了善良的人；如果他不相信自己的能力，那他將永遠不會是事業上的成功者。很難想像，一個缺乏自信心的運動員能夠登上世界冠軍的領獎台。正如拿破崙說的那樣：「默認自己的無能，無疑是給失敗創造機會。」從這個意義上說，樹立自信心是戰勝自卑感的根本方法。那些自卑心理嚴重的人，並不一定是其本身具有某些缺陷或短處，而是不能容納自己，自慚形穢，常把自己放在一個低人一等、不被自我喜歡，進而演繹成別人也看不起的位置，並由此陷入不能自拔的痛苦境地，心靈籠罩著永不消散的憂愁。那麼，到底自卑是怎樣形成的呢？有關心理專家總結了以下幾點成因：

一是因為自卑者沒有形成成熟的自我概念。低齡兒童不知道什麼叫自卑，因為他還未產生自我意識，還不知道評價「自我」。到了青春期，自我意識迅速形成，然而他還不能一下子成熟。不成熟的表現就是過高或過低的要求「自我」，過低要求自我的人，得過且過，也不知道自卑。問題出在過高要求自我的人身上，他們要求自我必須十全十美，必須時時處處超過別人，可現實中的自我誰也達不到這個標準。所以，他們就自卑起來。據研究，自卑者的智力水準和身材水準大都是中等或中上。可見，自卑的人之所以瞧不起自己，是主觀評價標準太高的緣故。

二是生活中的挫折。通常，自卑感強的人往往是有過某一特別嚴酷的經歷，有過心理創傷。心理被創傷，並非所有人都會產生自卑感，因為心理創傷並不是完全起因於外部的刺激，還有其主觀原因——性格。自卑感較強的人一般具有以下幾種性格特徵：小心、內向、孤獨、偏見、完美主義。更需要指出的說，現代社會是個充滿競爭的社會，「出人頭地」的風氣越來越盛行，這也是造成某些人自卑感的重要原因，自卑感往往就在類似入學考試、錄用面試、體育比賽等比試優劣的場合產生。

三是軀體上的缺陷。相貌、體型、體力、身體功能方面的缺陷常常使一些人感到見不得人，低人一等，因而陷於自卑的泥淖中難以自拔。但是自卑的主要原因依然是心理原因。有自卑心理的人，並不一定條件很差。有的是由於生理缺陷、職業原因或某些過失而產生的。自卑心理易使個人孤立、離群，不願在公開場合露面，不願與異性交往，遇到理想異性時因擔心對方看不起自己，不敢大膽追求而失去時機。有這種心態的人要振作精神，樹立自信、自強的心理。

自卑是人生成功之大敵。自古以來，多少人為自卑而深深苦惱，多少人為尋找克服自卑的方法而苦苦尋覓。經過近年一些心理學家的研究發現，用補償心理超越自卑是一種頗具操作性的方法。補償心理是一種心理適應機制，指的是個體在適應社會的過程中總有一些偏差，為求得到補償。從心理學上看，這種補償，其實就是一種「移位」，即為克服自己生理上的缺陷或心理上的自卑，而發展自己其他方面的長處、優勢，趕上或超過他人的一種心理適應機制，正是這一心理機制的作用，自卑感就成了許多人成功的動力，成了他們超越自我的「渦輪增壓」，而「生理缺陷」越大的人，自卑感也越強，尋求補償的願望就越大，成就大業的本錢就越多。

美國第十六任總統林肯，不僅是私生子，出身微賤，而且相貌醜陋，言談舉止缺乏風度。他對自己的這些缺陷十分敏感，為了補償，他力求從教育方面汲取力量，拼命自修以克服早期的知識貧乏和孤陋寡聞。他在燭光、燈光前讀書，儘管眼眶越陷越深，但知識的營養卻對自身的缺陷作了全面補償。他最終擺脫了自卑，並成為有傑出貢獻的美國總統。貝多芬從小聽覺有缺陷，耳朵全聾後還克服困難寫出了優美的《第九交響曲》，他的名言——「人啊，你當自助！」成為許多自強不息者的座右銘。在補償心理的作用下，自卑感具有使人前進的反彈力。由於自卑，人們會清楚甚至過分的意識到自己的不足，這就促使其努力學習別人的長處，彌補自己的不足，從而使其性格受到磨礪，而堅強的性格正是獲取成功的心理基礎。在自我補償的過程中，還須正確面對失敗。人生之路，一帆風順者少，曲折坎坷者多，成功是由無數次失敗構成的，正如美國奇異電氣公司創始人沃特所說：「通向成功的路，即把你失敗的次數增加一倍。」但失敗對人畢竟是一種「負性刺激」，總會使人產生不愉快、沮喪、自卑。

那麼，如何面對？如何自我解脫？就成為能否戰勝自卑、走向自信的關鍵。面對挫折和失敗，唯有樂觀積極的心態，才是正確的選擇。其一，做到堅韌不拔，不因挫折而放棄追求；其二，注意調整，降低原先脫離實際的「目標」，及時改變策略；其三，用「局部成功」來激勵自己；其四，採用自我心理調適法，提高心理承受能力。要使自己不成為「經常的失敗者」，就要善於挖掘、利用自身的「資源」。雖然有時個體不能改變「環境」的「安排」，但誰也無法剝奪其作為「自我主人」的權利。應該說當今社會已大大增加了這方面的發展機遇，只要敢於嘗試，勇於拚搏，是一定會有所作為的。屈原放逐乃賦《離騷》，司馬遷受宮刑乃成《史記》，就是因為他們無論什麼時候都不氣餒、不自卑，都有堅韌不拔的意志！有了這一點，就會掙脫困境的束縛，走向人生的輝煌。

此外，作為一個現代人，應具有迎接失敗的心理準備。世界充滿了成功的機遇，也充滿了失敗的可能。所以要不斷提高自我應付挫折與干擾的能力，調整自己，增強社會適應力，堅信失敗乃成功之母。若每次失敗之後都能有所「領悟」，把每一次失敗當做成功的前奏，那麼就能化消極為積極，變自卑為自信。

第六章

第七章

放縱自己的欲望是最大的禍害；談論別人的隱私是最大的罪惡；不知自己的過失是最大的病痛。

——亞里斯多德

（古希臘哲學家，科學家和教育家，被譽為百科全書式的人物。著作涉及倫理學、哲學、心理學、經濟學、神學、政治學、修辭學、自然科學等諸多領域；曾被馬克思稱為古希臘哲學家中最博學的人物，恩格斯稱他為古代的黑格爾。）

做個低調的人

著名歌唱家劉春美的《十五的月亮十六圓》中：有句「要想飲水先挖泉，要想唱歌先對調。」「要想唱歌先對調」說的是唱歌奏樂前，必須先定好音、調好高低。音調的高低，決定著唱這支歌的成功與失敗。做人亦如此，人有賢愚之別，「調」有高低不同。為人高調者，大多目空一切，妄自尊大，獨斷專行，飛揚跋扈；而為人低調者大多謙和忍讓，謹慎小心，寬容大度，心平氣和。在這個錯綜複雜、五彩繽紛的世界，有的人一生平安和順，樂觀豁達；而有的人則處處受阻，鬱鬱寡歡。有的人謙虛好學，平步青雲，一路歡樂，令人悅納、讚賞、欽佩；而有的人則驕傲自滿，碌碌無為，抱恨終生，遭人非議、鄙視、唾棄。究其起與落、升與降、浮與沉、成功與失敗的原因，是為人「調」不同。做人也得定調，低調做人是非常值得讚賞的一種品格，一種智者的風度，一種賢者的修養，一種強者的謀略，一種明者的胸襟，是做人的最佳選擇。

低調做人是做人成熟的標誌，是為人處世的一種基本素養，也是一個人成就大業的基礎。向日葵在種子尚不飽滿的時候，鑲嵌著金黃色的花瓣，高昂著頭，隨著太陽的升起和降落，搖來晃去，唯恐別人看不到它。一旦種子飽滿它便會低下沉甸甸的頭，因為它成熟了、充實了。民間有句非常貼切的諺語：「低頭是穀穗，昂頭是穀秧。」低調做人、低調處事，低調是立世的根基。有位哲人說過，當堅硬的牙齒碰落時，而柔軟的舌頭卻完好無損，不是柔軟的舌頭能勝過堅硬的牙齒，而是舌頭處於低谷。可見，低調做人，不僅可以保護自己，使自己與他人和諧相處，患難與共，更能使自己暗蓄力量、悄然潛行，在不顯山不露水之中成就偉業。

關於低調做人，曾有這樣兩個故事，第一個是講一位將軍，在大軍撤退時總是斷後。人們都稱讚他很勇敢。可將軍把自己捨生忘死的無畏行為，說成是由於馬走的太慢。將軍的如此低調，不但不會矮化他的高大形象，反而會增加更多的親和力！另一個故事說的是兩隻大雁與一隻青蛙結成了朋友。秋天來了，大雁要飛回南方，牠們希望青蛙與其一起飛上天，青蛙靈機一動：讓兩隻大雁銜住一根樹枝，然後自己用嘴銜在樹枝中間，三個好朋友一齊飛上了天。地上的青蛙們都羨慕的拍手叫絕，問：「是誰這麼聰明？」那隻青蛙只怕錯過了表現自己的機會，於是大聲說：「這是我……」話還沒說完，青蛙便從空中狠狠的摔下去了。文章的結尾引用詩人魯藜的見解：把自己當做泥土吧！總是把自己當做珍珠，就時時有被埋沒的痛苦。文章暗寓現實生活中，人們對生存狀態所持的不同態度，讀來讓人拍案叫絕，讓人深思良久。

現實生活中，這兩個方面的人都實實在在的存在。可近年來第一種人越來越少了。第二種人卻越來越多，也就是人們常說的：雪中送炭的人少了，錦上添花的人多了，往肥肉上貼膘的更多；批評與自我批評的人少了，表揚與自我表揚的人多了。有人說：「也許我們生活的這個時代，人們對成功的渴望都非常急切，幾乎所有人都希望找到一種實現成功的捷徑，從而導致心態的嚴重扭曲。」社會是紛呈複雜的，生活是豐富多彩的，個體又是千差萬別的。俗話說：「人有千十層。」這是唯物辯正觀點，充分認識到了個體差異，「人之初，性本善；性相近，習相遠。」人在後天生存發展的過程中，因生存環境的不同，生存條件的限制，個體努力奮鬥的程度，將會使人的生活品質、生活水準高低相差幅度很大。

低調做人的人相信：給別人讓一條路，就是給自己留一條路。低調做人的人懂得：才高而不自詡，位高而不自傲。做人不可過於顯露自己，不要自以為是，更不該自吹自擂。低調做人的人知道：要想贏得友誼，就必須平和待人；要想贏得成功，贏得世人的敬仰，就必須學會低調做人。正所謂，山不解釋自己的高度，並不影響它聳立雲端；海不解釋自己的深度，並不影響它容納百川；地不解釋自己的厚度，但沒有誰能取代它生長萬物的地位。

人生在世，我們常常產生解釋點什麼的想法。然而，一旦解釋起來，卻發現任何解釋都是那樣的蒼白無力，甚至還會越抹越黑。因此，做人不需要解釋便成為智者的選擇。那麼在當今社會，與人相處，關鍵是要學會低調！低調做人，是一種品格，一種姿態，一種風度，一種修養，一種胸襟，一種智慧，一種謀略，是做人的最佳姿態。欲成事者必須要寬容於人，進而為人們所悅納、所讚賞、所欽佩，這正是人能立世的根基。學會低調做人，就是要不喧鬧、不矯柔、不造作、不故作呻吟、不假惺惺、不捲進是非、不招人嫌、不招人嫉，即使你認為自己滿腹才華，能力比別人強，也要學會藏拙。而抱怨自己懷才不遇，那只是膚淺的行為。在多數人眼裡，低調的生活態度是沒有遠大理想，目光短淺，精神頹廢，缺乏自信的表現。其實不然，低調並不是精神頹廢，因為頹廢的人沒有追求和理想，面對生活的不幸缺乏必要的意志來改變自己的命運。而在低調者看來，苦難與不幸只是生命航程中必不可少的風景，人的命運掌握在自己的手中，腳踏實地的追求，必將引渡自己抵達圓滿的彼岸。低調的人也不缺乏自信，只是對自己有一個清醒的認識，不願為時的輕易下結論，不願對事情的發展進行盲目樂觀的估測。

低調是一種顯示為柔弱，但是比剛強更有力的生存策略。低調的人表面上常常給人一種懦弱的感覺，但低調絕不是懦弱的標誌，而是聰明持久的象徵。因為只有低調，才能成大事，鑄就輝煌。低調的本質是一種寬容。低調者首先放棄顯耀自己，不願將自己強過別人的方面表現出來，這是對其他人的一種尊重，對不如自己的人的一種理解。低調的人相信：給別人讓一條路，就是給自己留一條路。

做人應該保持低調，低調是正確認識自己，是一種詩意棲居的智慧，是一種優雅的人生態度。生活中，人們似乎總想尋覓一份永恆的快樂與幸福，總希望自己的付出能夠得到相對的回報，然而生活並不像我們想的那樣順暢，當你的努力被現實擊碎，當你的心靈逐漸由充滿熱情走向麻木的時候，你感受到的可能只是深深的苦悶與失望；然而，在低調者看來只是生活對自己的一次拷問。低調的人比一般人經歷更少痛苦的原因在於他們知道如何避免失敗，他們不會用種種負面的假設去證明自己的正確。總之，低調是一種優雅的氣質；保持低調，是對生存智慧的詩意拷問，唯其如此，我們才能真正享受生存的快樂。

忍讓是一種境界

人生有很多事，需要忍。人生有很多話，需要忍。人生有很多氣，需要忍。人生有很多苦，需要忍。人生有很多欲，需要忍。人生有很多情，需要忍。忍是一種眼光，忍是一種胸懷，忍是一種領悟，忍是一種人生的技巧，忍是一種規則的智慧。忍有時是怯懦的表現，有時則完全是剛強的外衣。忍有時是環境和機遇對人性的社會要求，有時則是心靈深處對魔邪人性的一種自律。

在社會上行走，「忍」字很重要，因為一個人不可能在任何時間、任何場合都事事如意，有些事情怎麼也無法解決，有些事情可能沒辦法很快解決，所以你只能忍耐！動輒出氣的人雖然可以解除一時的心理壓力，但從長遠來看，他會斷了自己的前程。歷史上最有名的能「忍」之例就是韓信忍受胯下之辱。韓信的家鄉在淮陰城（今江蘇淮安），在他還很年輕的時候，有些人看不起他。有一天，一個少年看到韓信身材高大卻常佩帶寶劍，以為他是膽小怕事，便在鬧市裡攔住韓信，說：「你要有膽量，就拔劍刺我；如果是懦夫，就從我的褲襠下鑽過去。」圍觀的人都知道這是故意找碴羞辱韓信，不知道韓信會怎麼辦。只見韓信想了好一會兒，一言不發，就從那人的褲襠下鑽過去了。當時在場的人都哄然大笑，認為韓信是膽小怕死、沒有勇氣的人。這就是流傳後世的「胯下之辱」的故事。孫臏忍龐涓之辱在歷史上也很有名，他整日裝瘋賣傻，就怕龐涓把他殺了。這二位忍受大辱，其結果如何？韓信留下有用之身，終於成為大將，如果他當時鬥氣，恐怕早被惡少打死了；孫臏保住一命，終於打敗了龐涓！如果他當時不能忍，早就沒命了。韓信也好，孫臏也好，都是「忍一時之氣，爭千秋之利」的典範，這一點值得當今那些年輕氣盛者好好學習一番。如今的年輕人，動輒與人出口相罵，大打出手，稍遇不公，就得奮力相爭，當然他們並不是沒有道理的，但是一定要考慮其後果。

當你處於弱勢時，就很難有施展自己的空間，彷彿困獸一般。有些人碰到這種情形，常常任憑自己的性情，順著自己的情緒行事，如被人羞辱了，乾脆就和他們幹一架；被老闆罵了，乾脆就拍他桌子，丟他東西，然後自動走路！不敢說這麼做就會毀了你的一生，因為人生的事很難說，有時甚至會「因禍得福」！但沒有忍性，絕對會給你的事業造成負面的影響，而且不能忍的人「因禍得福」者並不多，大部分人都不甚如意，總是到了中年才會感歎的說：「那時真是年輕氣盛啊！」這裡倒不是說不能忍的人命運就不好，而是不能忍的人走到哪裡都不能忍，不能忍氣、忍苦、忍怨、忍罵，而總是要發作、要逃避、要抗拒。

因此，當你身處困境、碰到難題時，想想你的重大目標吧！為了大目標，一切都可以忍！千萬別為了解一時之氣而丟掉長遠目標。人的一生當中會遇到很多問題，如果你能忍一忍，並學會控制自己的情緒和心志，以後即使碰到大的問題，自然也能忍受，也自然能忍到最好的時機再把問題解決，這樣才能成就大事業！

每個人一生中，隨時可能會遇上不順心的、不如意和敗壞的事，當遇上這些你不願接受的事情時，應當知道自己如何去做？此時人往往會選擇衝動、魯莽、急躁，按自己心中突發的意念去處理、去對待，結果把事情越搞越糟、越弄越大，看來這樣是錯誤的。人應當嘗試忍耐，學忍耐、學等待，事情不會常敗壞，當知「時間會沖淡一切」，而它並非只沖淡你的記憶，是一切，當你先忍耐時是為了等待，等你冷靜下來時終會找到解決事情的最好辦法，所以困難都是暫時的，凡是不忍耐、不等待，終究讓事情越搞越敗壞。因為有話說「小不忍則亂大謀」，因為一時不忍就會把事情弄大弄壞，如有人因為一時衝動導致失去密友、喪失青春、毀了前途、毀了事業、毀了家庭等。

有一位年輕人畢業後被分配到一個海上油田鑽井隊工作。在海上工作的第一天，領班要求他在限定的時間內登上幾十米高的鑽井架，把一個包裝好的漂亮盒子拿給在井架頂層的主管。年輕人抱著盒子，快步登上狹窄的、通往井架頂層的舷梯，當他氣喘吁吁、滿頭大汗的登上頂層，把盒子交給主管時，主管只在盒子上面簽下自己的名字，又讓他送回去。於是，他又快步走下舷梯，把盒子交給領班，而領班也是同樣在盒子上面簽下自己的名字，讓他再次送給主管。

年輕人看了看領班，猶豫了片刻，又轉身登上舷梯。當他第二次登上井架的頂層時，已經渾身是汗，兩條腿抖得厲害。主管和上次一樣，只是在盒子上簽下名字，又讓他把盒子送下去。年輕人擦了擦臉上的汗水，轉身走下舷梯，把盒子送下來，可是，領班還是簽完字以後讓他送上去。

年輕人終於開始感到憤怒了。他盡力忍著不發作，擦了擦滿臉的汗水，抬頭看著那已經爬上爬下數次的舷梯，抱起盒子，步履艱難的往上爬。當他上到頂層時，渾身上下都被汗水浸透了，汗水順著臉頰往下淌。他第三次把盒子遞給主管，主管看著他慢條斯理的說：「把盒子打開。」

年輕人撕開盒子外面的包裝紙，打開盒子——裡面是兩個玻璃罐：一罐是咖啡，另一罐是奶精。年輕人終於無法克制心頭的怒火，把憤怒的目光射向主管。主管又對他說：「沖咖啡沖。」此時，年輕人再也忍不住了，「啪」的一聲把盒子扔在地上，說：「我不做了。」說完，他看看扔在地上的盒子，感到心裡痛快了許多，剛才的憤怒全發洩了出來。

這時，主管站起身來，直視他說：「你可以走了。不過，看在你上來三次的份上我可以告訴你，剛才讓你做的這些叫做『承受極限訓練』，因為我們在海上作業，隨時會遇到危險，這就要求隊員們有極強的承受力，承受各種危險的考驗，只有這樣才能成功完成海上作業任務。很可惜，前面三次你都通過了，只差這最後的一點點，你沒有喝到你沖的甘醇咖啡，現在，你可以走了。」

忍耐，大多數時候是痛苦的，因為它壓抑了人性。但是，成功往往就是在你忍耐了常人無法承受的痛苦之後，才出現在你面前的。千萬不要只差那麼一點點就放棄了。「忍一時風平浪靜」，做人做事須存忍，當學忍耐、學等待，因事情不會常敗壞，話又說回來，「忍」字頭上一把刀，忍耐不簡單，等待也難熬，但要知道忍難，不忍則更難，甚至讓人難到無法挽回，所以便有了「一失足成千古恨」的古訓。

嘗試站在對方的角度考慮問題

現實中，會發生很多矛盾、問題，若得不到妥善解決，很大一部分原因是當事人無法體會別人的難處，別人的感受，就不知道別人的出發點在哪裡，針對什麼，目的何在。就像螃蟹和烏龜辯論一樣，一個說橫著走才是對的，一個說直著走才正確，各執一詞，事情就永遠也扯不清。如果螃蟹能夠站在烏龜的立場上想想，就會很明白，烏龜從來都是直來直往的，並不像螃蟹橫行於世，也就理解了烏龜不橫走的難處，也會體諒一下烏龜，甚而承認烏龜並不是沒有道理的。

人作為萬物之靈長，自然要高於這些龜蟹，高於就要有高於的風範。我們說某些人有仁愛之心，其實無他，只是他總能夠站在別人的立場思考問題，看待別人的時候能夠很容易的推己及人，推人及己，會說「其實他（們）也不容易」。而那些沒有站在別人的立場上思考問題的人，永遠認為「自己最不容易」，永遠認為「他們容易得很」，其實將心比心，誰又容易呢，誰又知道一張笑臉後有哭泣，誰又知道光明後有黑暗！

西元一八六三年七月，在美國南北戰爭期間，華盛頓附近的蓋茲堡發生了一次歷時三天的戰鬥，雖然北方部隊獲得了勝利，但是也犧牲了很多將士。幾個北部州聯合起來，在蓋茲堡建立了國家烈士公墓，用來安葬那些陣亡的將士。公墓落成的那天，舉行了一個盛大的典禮，他們邀請前國務卿埃弗雷特到會演講。埃弗雷特是一位非常擅長長時間演講的專家，他的最長演講曾達到兩百一十分鐘，而且還能保證大家都愛聽。恰巧那天，林肯總統就在附近城市，於是埃弗雷特提示典禮的主辦者把林肯請來「隨便講幾句」。

誰都知道，埃弗雷特和林肯是政敵，在林肯競選的時候，埃弗雷特就大力阻撓過，所以這一次埃弗雷特打定主意，要讓林肯在毫無準備的情況下當眾出醜。於是他從多角度多方面下手，進行了一次長達兩個小時的演講，那場演講簡直是聲情並茂，讓在場的所有觀眾都鼓起了掌。對於埃弗雷特的用意，林肯心中自然有數，聽了埃弗雷特的演講之後，林肯心中立刻反應過來這次只能以巧取勝了，因為無論是說陣亡將士的精神還是烈士公墓的意義，埃弗雷特都對此已經做了非常出色和成功的演講，接著再講只能是拾人牙慧。該怎麼樣講才能和聽眾建立良好的交融關係，並最終贏得他們的喝采呢？

林肯決定以簡潔取勝。他不慌不忙的走上演講台，說：「我今天要告訴大家的是，通往烈士公墓的馬路將在下個月鋪成瀝青馬路，並開通專線班車。」林肯的演講前前後後只有兩個全句，他前一句先揪住埃弗雷特的長處，用「長達兩個小時的演講無疑是在浪費大家的生命」這樣的潛台詞，不僅把埃弗雷特給否定了，而且還為自己的超短演講做了巧妙的定位，力挽狂瀾，一下子就把自己的劣勢反變為優勢了。最重要的是，儘管埃弗雷特滔滔不絕講了許多，但卻絲毫沒有提及現實生活中的事情，而林肯在之前就已經注意到通往公墓的馬路還是顛簸不堪的石子路，他意識到這一定讓所有參加典禮的人都覺得不方便，於是他把解決這個問題的方法和期限作為演講的內容，結果不僅得到了在場近萬人持續十分鐘的掌聲，甚至轟動了全國。

當時的報紙這樣評價：「這是一次史無前例的超級簡潔的演講，他的演講是有生命的，因為他站在了聽眾的立場上考慮最現實的事情！」就連埃弗雷特本人也忍不住在幾天後給林肯寫了一封表示敬佩的信：「你的智慧決定著你是一位無比優秀的總統！實際上，所有的工作都是透過別人來做的。光有正確的知識和成功渴望是不夠的，你必須能夠站在別人的立場看問題。」

生活中，有不少是絕頂聰明的人，因為不能明白或回應下屬的觀點而失敗。這是我們所觀察到的高級職員中普遍缺乏的一個技能。成功的人知道沒有一個孤立的自治事業，只有高效率和其他人一起工作，才能達到他們的最大成功。而其他的人也有自己的需求、目標和排程，他們必須在公司內完成目標，才能完成自己的目標。

站在別人的立場看問題需要「跳出自己的圈子」，利用別人的觀點來體驗世界。商業界的人需要有優秀的「心理周邊的遠見」，就像偉大的籃球運動員，他們合作起來有全場意識，知道每個隊員在哪裡，知道每個人需要做什麼，能做什麼，知道做什麼能得分。每個隊員都利用自己得分失分的統計來判斷自己的「比賽」，但是如果他們不為隊裡做事，他們的判斷永遠稱不上「偉大」。站在別人的立場上或有同情心並不意味著需要特別妥協。事實上，站在別人的立場上或有同情心是純粹中性的。十五世紀政治家馬基雅維裡就精通此道。在他的名篇「王子」（The Prince）中寫道：「所有的人都知道你將要怎樣，只有少數人知道你是怎樣的。」換句話說，同情心不僅贏得別人的讚賞，也是競爭的優勢。

理解別人的觀點，可以幫助你有保留的、準確的、聰明的使用權力。約束自己的能力和直接的、強烈的採取行動是同樣重要的，就像剎車和引擎引擎是同樣重要一樣。敏銳的、熟練採取行動既可保存你的「實力」，又可以更有效率達到目標，就像使用汽車駕駛系統。一個訓練有素的網球手，透過了解對方的打球風格來判斷他的下一次擊球位置，這樣自己就可以保存實力，看起來好像輕而易舉的得分。在工作中，你就可以這樣「花」更少的「資本」，更加容易的達到目標。最偉大的勝利，不是使用暴力，而是說服對手站到自己一邊。

生活中，當我們說某些人有仁愛之心的時候，其實就是指他們總能夠站在別人的立場思考問題，看待別人的時候能夠很容易的推己及人，推人及己。其實，當我們為人處世真正做到站在他人立場上考慮的時候，不僅利人，而且利己。

不要輕易打斷別人

弗．培根說過：「亂插話者，甚至比發言冗長者更令人生厭。打斷別人說話是一種最無禮的行為。」每個人都會情不自禁的想表達自己的願望，但如果不去了解別人的感受，不分場合與時機的就去打斷別人說話或搶接別人的話頭，這樣會擾亂他們的思路，要講些什麼反而都忘了，引起對方不快，有時甚至會產生不必要的誤會。

一個精明而有教養的人與人交談，即使對方長篇大論的說個不休，也絕不會插嘴，因為打斷他人說話，不僅是不禮貌的事，而且什麼事情也不易談成。輕易打斷別人說話，是一種不禮貌的行為。比如說，與朋友在談論一個話題，對方就此正發表自己的見解，可聽到一半，還未等對方說完，自己突然冒出一些觀點，就急於要發表自己的看法，此時，便打斷了對方的說話，從中間插進去發表自己的見解。或者，當對方剛要講一個事例，起個開頭，這個事例是自己曾經聽過的，便不假思索的說，啊，這個我聽過，馬上阻斷對方，讓對方不知道是不是需要繼續講下去。我們看下面這個例子：

推銷員：「科爾先生，經過仔細觀察，我發現貴廠自己維修花費的錢，要比雇用我們來做花的錢還多，對嗎？」

科爾：「我也計算過，我們自己做確實不太划算，你們的服務也不錯，可是，畢竟你們缺乏電子方面的……」

推銷員：「噢，對不起，我能插一句嗎？有一點我想說明一下，沒有人能夠做完所有事情的，不是嗎？修理汽車需要特殊的設備和材料，比如……」

科爾：「對，對，但是，你誤解我的意思了，我要說的是……」

推銷員：「您的意思我明白，我是說，您的下屬就算是天才，也不可能在沒有專用設備的情況下，做出像我們公司那樣漂亮的工作來，不是嗎？」

科爾：「你還是沒有搞懂我的意思，現在我們這裡負責維修的夥計是……」

推銷員：「科爾先生，現在等一下，好嗎？就等一下，我只說一句話，如果您認為……」

科爾：「我認為，你現在可以走了。」

推銷員被科爾下逐客令，原因是這個推銷員三番兩次的打斷科爾的講話。在推銷中，這是一大忌！在現實生活中，經常隨意打斷對方講話的人，也只能讓講話者生厭。

對推銷員來說，絕對不要隨意打斷顧客的話，而應該讓他心平氣和把話講完，就算他的意見不符合實際情況，也要聽下去，除非情況非常特殊。讓顧客充分表達異議，即便你知道他將要說什麼，也不要試圖打斷他。對顧客要有禮貌、認真傾聽，盡量作出反應。沒有任何顧客願意去跟那些自作聰明的推銷員打交道。要是你不能表現出對顧客及其問題的興趣，你永遠也不會贏得顧客的信任。不認真聽取顧客在購買時所關心的問題，而是自己隨意的羅列出自己關心的情況，結果只有一條：讓顧客跑掉！

作為一個現代人，不管在什麼場合，聽話說話對於我們都很重要，在交際場上，很多人失敗的原因，不是失敗在他應該說什麼，而是因為他聽得太少，說得太多。不僅是說話，聽話也同樣是一門藝術，什麼時候該說話，什麼時候該閉上嘴巴，這都是很重要的。

在作為一個聽眾的時候，別人在訴說著內心的話，你應該抱著同情和理解的態度傾聽，這是維護人際關係，維護你們友誼的有效方法。在交談中，很多人喜歡唱主角，總是喜歡把自己擺在主角的位置，喜歡一個人唱獨角戲，喋喋不休的推銷自己，這不但不能讓你的口才加分，反而會讓人產生不好的印象。

在交際場上，最失敗的傾聽者犯得最多的錯誤就是打斷別人，人們都有自我表現意識，即使你的說法正確，或者對方的觀點你不認同，你都不要輕易去打斷別人的談話。要知道傾聽是溝通的第一步，不輕易打斷別人的話是傾聽的基本法則。唯有你懂得安靜傾聽才能提高你的交際魅力，做一個好的傾聽者也是對別人的一種尊重。我們都希望被人尊重，也不希望在你侃侃而談的時候，有人故意打斷，無論是誰心情都不會好的。

有心理學家提出這樣一個心理定式：如果一個人心裡有事情，他就會啟動心理定式準備講話，直到把話講完，他才能聽進去你的意見。所以，假如你想讓自己的意見被對方聽進去，達到說服他的目的，那麼你就必須先學會傾聽別人講話。這樣對方會有一種你很尊重他，很樂意聽他講話的感覺，從而產生了和你說話的心理，這樣對方對你產生了好感，會不知不覺順著你的思路去考慮問題，這一點也是說服他人的一項很重要的心理戰術。

當別人說到一些事情的時候，可能會出現一些錯誤，你也不要為了雞毛蒜皮的小事來打斷別人的話題，要知道我們自己在說話的時候如果被別人打斷，心情一定也難受，所以你打斷別人的話，別人也會有這樣的感覺。學會傾聽對於任何一個人都很重要，出於對別人的尊重，出於我們的禮貌素養，就不要打斷別人的話。

最有魅力的人不是口若懸河，滔滔不絕，而是用心的傾聽別人的訴說。傾聽不僅是對別人的尊重，也是一種有素養的展現。在與人交談的時候，不要急著替別人講話，人家只說了一個開頭，而你就立刻打斷，頭頭是道的說著自己的見解，每個人都有自己的想法，你怎麼知道對方接下來會說什麼話呢？你也不要急著幫別人講完故事。故事他聽過，你也可能聽過，如果他才開始說，你就立刻打斷他，幫他說完接下來的故事，那麼他會覺得很尷尬，心裡會很不好受。在講述事情的時候，不要輕易去打斷別人的話，即使這些事情你聽過無數遍，你也應該耐著性子，聽他把話說完，不到萬不得已，就不要打斷。

少談論自己，多關心別人

生活在這個世界上，難免會碰到各種困難。每當這時，總會希望有人關心，有人幫助，要想得到別人的關心與幫助，必先學會關心別人。學會關心別人，首先要體諒別人，古人云「一人之心，千萬人之心也」。即一個人的心怎樣，那千萬人的心也是一樣。所謂「將心比心」，體諒別人是關心別人最起碼的條件。只有如此，你的關心才顯得合情合理。

關心別人，或在語言，或在行動，或在其他的運算式……甚至是必要的沉默。關心別人，或在安慰，或在鼓勵，更可以在批評，指證，建議。懂得關心別人，幫助別人是幸福的，因為他同樣會得到別人的關心與幫助。關心別人是一種美德，我們每個人都要養成這一美德。關心作為一種對別人的主動、友好的表示，看起來是付出，其實也是一種回報。善於關心別人的人，往往能得到更多的樂趣和愉快的情感體驗。一個經常關心別人的人，比不關心別人的人，幸福要多得多。一個想別人之所想，幫別人之所需，喜別人之所樂，經常對別人施以援手，提供幫助的人，能從受助者的快樂中，分享到快樂。關心自己是學會關心別人的前提和基礎，只有學會關心自己才能更好關心別人。一個人幫助別人的次數越多，關心別人的經歷越多，對別人所表示的愛心越多，他獲得幸福的概率也就越大，幸福的體驗也就越多。

樂於助人的人，有一個共同的心理特徵，就是把自己的幸福體驗與需要幫助的人連在一起，把被幫助的人的幸福，當做是自己幸福的一部分，看到別人在自己的幫助下，或是減輕了經濟負擔，或是舒緩了壓抑的情緒，或是重新找到了心理平衡的支點，或是恢復了往日的自信，會感到由衷的高興。這樣，以幫助、關心別人為樂趣的人，無形中占有了更多的幸福資源，得到了更多的幸福機會，擁有了更為廣闊的幸福空間。

學會關心別人，並不等於一味遷就別人。當你的朋友遇上挫折，情緒低落，一味同情，一味寬慰，甚至在一旁陪著掉淚，固然展現你的關心。但這樣只是任憑他消沉，你的關心也就顯得蒼白而無力。那麼，為何不換一種態度呢？你應該以自身積極樂觀的態度去感染他，影響他，讓他振作起來。你可以告訴他，挫折不可避免，有朋友一邊關心著，支持著，還有什麼困難不能克服呢？當他再次面對生活充滿信心時，他會更加深切的體會到關心的真摯，並且在你遇到困難時，也會關心你，讓你振奮，繼續積極的人生。

學會關心別人，固然可以在別人處於逆境時伸手相助，更可貴的是要在每一件小事上為人著想。這小事可以是在別人休息時保持安靜，可以是借別人的東西及時歸還……它們在生活中隨處可見，也常被人忽視。但一個若能時常注意小細節的人，便是一個善於關心別人的人。所以，關心別人的付出，實質是在為自己的幸福買單，為自己的幸福投資，「買單」的次數越多，「投資」的數額越大，其幸福的空間就越大，幸福的概率也就越高。因此，關心別人，客觀上看起來是對別人的付出，但主觀上卻是擴大了自己的快樂空間，增加了快樂的源泉。其實，幸福作為一種個人的心理體驗，更多的是在人際交往的互動關係中感受到的。人都生活在一定的個體社會環境之中，每個人都在以自己的情緒和感受影響別人，同時也受著別人情緒和感情的影響。

西方某護士學校開學的第二個月，教授給學生們來了個突然的小測驗，試卷最後一道題是這樣的：「每天清掃學校的女士叫什麼名字？」面對這樣的試題，學生都感到很奇怪，教授怎麼會出這樣的題目？清掃學校的女士儘管大家都看見過，可她叫什麼名字誰也沒有問過。下課前，一個學生問教授：「最後一道題是否記分？」教授肯定的說：「在你們的職業生涯中，你會遇到許許多多的人，每一個人其實都是重要的。他們都值得你們去注意、去關心，哪怕僅僅是微笑一下，問個好。」學生們都說：「這是一堂令人刻骨銘心的課。」

人們常說「做人要厚道」，這只是就個人的修養來說的，很狹隘。做一個對社會有益的人，不單是人格要高尚，還應該推己及人，對身邊的人、對自己所在的小環境甚至對這個集體、社會、國家有所貢獻。而貢獻的前提是注意、是關注，是具有對他人的同情之心、憐憫之心、責任之心、奉獻之情，在個人成長與發展過程中，他人都是重要的，是值得我們去注意與關注的。有的人只關心和自己有關的事，有的人則是對哪怕和自己毫無關係的事也極為熱心。其實，這兩種人都是讓人疲倦並且想要逃避的類型。如果只集中於自己的事，那並不能獲得成功，只有對身邊的人和周圍的環境傾注關懷，才有助於將自己的工作順利進行。關心他人也就是關心自己。

我們生活在這個世界，互相關心是非常必要的，如果沒有了他人的關心，便少了生活的精神支柱。人本身便是互相扶助的結構。當你學會了關心他人，成倍的愛就會席捲而來。親情，友情，愛情，快樂都會在你學會關心他人時而倍增。這些無價的奢侈品，讓你的精神世界無比富有。請學會關心他人，你的生活會變得多彩，你的精神會變得飽含青春的澎湃。

關心他人是一種品質，關心自己是一種本能。只有關心自己，才能更好的關心他人，盡自己的所能。學會了關心自己，你便有了萬能的人生鑰匙，走到哪裡，都不會因缺少關愛而無法通行。關心自己，不是一種自私，卻是一種開明。只有學會關心自己，才能更好關心萬物。

自制力越強，煩惱就越少

自制力是指人們能夠自覺控制自己的情緒和行動。既善於激勵自己勇敢去執行採取的決定，又善於抑制那些不符合既定目的的願望、動機、行為和情緒。自制力是堅強的重要標誌，主要表現在兩個方面：一方面使自己在實際工作、學習中努力克服不利於自己的恐懼、猶豫、懶惰等；另一方面應善於在實際行動中抑制衝動行為。自制力對人走向成功有著十分重要的作用。從古代百科全書式科學家亞里斯多德到近代的哲學家們都注意到：美好的人生往往都建立在自我控制的基礎上。與之相反是任性：對自己持放縱態度，對自己的言行不加約束，任意胡為，不考慮行為的後果。

這是一個發生在哈佛大學的故事：

一向為大家所愛戴的教務長伯立格先生，有一次問一個學生，為什麼沒有把指定的功課做好？那學生回答：「我覺得不太舒服。」教務長就說：「史密斯先生，我想有一天你也許會發現，世界上大部分事情都是由覺得不太舒服的人做出來的。」以教務長那樣體格不太強健的人，說這話時自己也有一點疲憊的感覺。說不定那天他來哈佛也只是因為把自己的責任看得比安逸還重要，所以硬撐著身子來的。不過，我們應該相信，教務長一定知道有些病使人根本不能行動，也有人只是因為對健康過於小心而不活動；可是他一定知道，疲憊或懶惰的徵兆實際上是可以分辨的；他一定也知道，不太舒服和不想做一件難事確實是不容易分辨的；他也知道假使一個人和人家約定做一件事，要在星期五完成，可是如果星期二和星期三已經做好了大部分，那麼星期四即使有一點頭痛，也沒多大關係了。

世界上有兩種人：一種人先把自己必須完成的許多責任計畫好，然後在做的時候，從工作的間隙中發掘樂趣。而另外一種人卻只想到如何享樂，然後才想到工作的責任。每逢陰霾滿天的早晨，若是因為一定要開始工作而生氣的時候，不妨想想教務長的話，你也許會立刻覺得很安適，然後開始自己的工作。其實，人生就是這樣一個過程，困難和苦惱始終存在其中，而我們的使命便是不斷去克服，並從中獲得快樂和成功的喜悅。每一天都是如此，從沒有絕對安逸的一天在等待著我們，而只有戰勝了困擾之後，才可以享受到每一天的安逸。所以，做好每一天的事情，你便會得到每一天的寧靜和快樂，否則你永遠也不會享受到真正的快樂。

某一個雨天的下午，有一位老婦人走進匹茲堡的一家百貨公司，漫無目的地在公司內閒逛，很顯然是一副不打算買東西的樣子，可能就只是進來避雨。大多數的售貨員只對她「瞧上一眼」，然後就自顧自地忙著整理貨架上的商品，以避免這位老太太去麻煩他們。其中一位年輕的男店員看到了她，立刻主動向她打招呼，很有禮貌問她是否需要幫助。這位老太太對他說，「我什麼也不需要」，即使如此，他也主動和她聊天，以顯示他確實歡迎她。當她離去時，這個年輕人還送她到門口，替她把傘撐開。這位老太太向這個年輕人要了一張名片，然後逕自走了。後來，這位年輕人完全忘了這件事情。但是，有一天，他突然被公司老闆叫到辦公室去，老闆向他出示一封信，是那位老太太寫來的。老太太要求這家百貨公司派一名銷售員前往蘇格蘭，代表該公司接下裝潢一所豪華住宅的業務。

這位老太太就是美國鋼鐵大王卡內基的母親，她也就是這位年輕店員在幾個月前很有禮貌護送到門口的那位老太太。在這封信中，這位老太太特別指定這個年輕人代表公司去接受這項工作，這項工作的交易金額十分龐大。這個年輕人如果不是好心的招待這位不想買東西的老太太，那麼，他可能就永遠不會獲得這種極佳的晉升機會了。

生活的基本原則都包含在最普通的日常生活經驗中，同樣的，真正的機會也經常藏匿在看來並不重要的生活瑣事中。你可以立刻去詢問你所遇見的任何十個零個人，問他們為什麼不能在其所從事的行業中獲得更大的成就，這十個零個人當中，至少有九個人會告訴你，他們並未獲得好機會。你可以對他們的行為進行一整天的觀察，以便對這九個人作更進一步的正確分析。我敢保證，你將會發現，他們在這一天的每個小時當中，都會不知不覺把自動來到他們面前的良好機會給推掉。

我們生活的世界誘惑太多，情色，物欲，利益，權力等，往往會給人極大的摧毀力，精神防線瞬間倒塌，人生軌跡模糊，更有甚者，失足、落馬，抱憾終生。自制力就是控制自己的私欲，使之不膨脹、不氾濫、不張揚，恰到好處。曾有人調侃說：你不能改變世界，但是可以改變自己。但是這樣的改變往往是扭曲自己，或者是消磨掉自己的銳氣而變得心平氣和，不能掌控環境，還能把持自己。因此自制力有多強，人的發展空間就會有多大。悲劇是：很多人隨波逐流之後形成的巨大洪流無情的吞噬著人群，很多人迷失了自己而不自覺。自制力的迷失是真正的迷失。

一個孩子缺少自制，會莫名其妙觸犯規則而不自知，如果在集體環境中，家長會很煩惱，教師也好像故意找碴，無休止的叮囑勸告後又是反覆無常。成長也是自制力形成中的博弈。一個大人缺少自制，當然就像孩子一樣不可捉摸，就會做一些耽於外務玩物喪志、不務正業、缺乏責任感、親者痛仇者快，令人後悔莫及的傻事。一個成人缺少自制，就會像對挫折的低容忍度，對達到目標缺乏堅持，難以集中於一項任務。或者過分活躍、不假思索就行動、難以等待、焦躁不安以及不認真等。

所以，做人要有一定自制力，如果你沒有一顆強大的內心，如果你沒有自我控制能力，必然心浮氣躁，必然淹沒紅塵。因此，我們應該敬佩那些「任憑風浪起，穩坐釣魚船」的精英，不是他們引領了時尚，而是在時尚面前，他們能夠不迷失自己，不隨波逐流，堅守自我，靠的就是自制力。

第七章

第八章

如果你生活在一種無法抗拒、無法改變的痛苦裡，那麼這種痛苦將是你的幸福！給自己一個希望和勇氣，大喊沒有什麼大不了的！慷慨的說句：「大不了就是一死！」

——黑格爾

（德國哲學家，政治科學家。黑格爾的哲學思想不僅限於德國，在美國和英國，一流的學院哲學家大多是黑格爾哲學思想的信徒。）

有事做就是一種幸福

手頭總有事要做的人，幸福就有了保證。當然，這裡所說的事，是指在法律和道德允許範圍內對社會和他人有益的一切工作和事務。有事要做，起碼會給你帶來三個方面的收穫：一是對社會、對他人有所貢獻；二是自己物質上有所收益；三是自己精神上有所充實。這就足夠了，所以說，有事要做就會讓你有一種幸福的感覺。

幸福是個很怪的東西，人們永遠不能用測量的手段來搞清楚它是否存在。不能說有錢就有了幸福，因為許多非常有錢的人依然愁眉緊鎖。當然，並非有錢的人都如此，那句「錢多錢少一樣煩惱」是被人們所公認的；不能說有了地位就有了幸福，因為許多非常有地位的人煩躁不安，貴為一國之君的人也常常被煩惱包圍著，誰不知「官大官小沒完沒了」；不能說有了成就就有了幸福，因為許多非常有成就的人仍舊痛苦萬分，甚至痛苦得自殺；也不能說有了愛情就有了幸福，因為許多愛情非常美滿的人也常常很失落；更不能說長壽了就有了幸福，許多長壽的人也是很無聊的生活著……

我們每個人要想幸福，首先應該建立在充實的基礎上，也就是說一個人有事做才是有了幸福的前提，然後是努力做好事，在做事的過程中就有了幸福感。幸福不是一種固態的東西，幸福只是一種感覺，它會隨人的心境、處境的變化而變化。無錢的人渴望有錢，以為有了錢便有了一切，自然也有了幸福，可他真的有了許多許多的錢，吃喝玩樂後便無所事事、空虛無聊了，幸福也就遠離了他；有地位有成就的人應該說是幸福的，受人尊敬受人愛戴，可他們往往因為被人們捧到了天上，失去了與人們的交流，倒覺得高處不勝寒，當他們再失去創造力的時候便會更痛苦。

一個人，不論是大人物還是平民百姓，不論是高貴還是貧賤，不論是成就很大還是業績平平，只要他有事可做，盡心去做，這個人就是一個充實的人，一個永遠充實的人也就是一個永遠幸福的人。得到幸福又把幸福失去的人，大多是大事做不來小事不想做的人，我們常聽到這樣一句話：「今天事不做，明天找事做。」說的就是一個人要珍惜自己的工作，如果不好好做事被「炒」，你還得去找事做。

一個人無事可做，也就沒有了創造的樂趣，沒有了追求的目標，沒有了奮鬥的熱情。即使有了金錢、地位和名聲，也不會幸福。因為幸福不是一塊磚，不能用它建起大廈，幸福只是一種感覺，一種瞬間即逝的感覺。要想永遠幸福，就要保持自己永遠有事要做，並用一種奮發向上的心態去創造這種感覺。在面對現實生活的時候，所有對生活的看法都來自於我們心境的改變，當你心情變了、態度變了，生活就可以改變。儘管這是一個唯物論的世界，但是當我們用眼睛朝一個人看過去的時候，這個人是一個中性的人。也許你看他的時候會喜歡，也許會討厭，喜歡和討厭都來自於我們的心境。

有這樣一個故事：

在美國，有一個計程車司機，覺得自己不如別人聰明，大學也考不上，只能開計程車，天天抱怨，回去還跟老婆吵架，覺得這個世界不美麗。有一天晚上他看了一個電視節目，講的是一個人只要心境變了，世界就會變，還講了一系列的方法。這個司機就想不妨試一試。所以他在第二天開始把汽車打掃得乾乾淨淨，對所有的客人都非常禮貌，就發現所有的顧客態度都變了。因此進一步推動下去，他在汽車裡安裝上客人可以選擇歌曲的音響，放上他認為客人喜歡讀的雜誌報紙，並放礦泉水，告訴客人可以自取。就這一態度的轉變使他的生意越來越好。他原來覺得這個世界上全是他的敵人，但是後來發現這個世界上都是他的恩人。

從此以後，他的汽車都是提前半個月到一個月就被人預訂了生意，他覺得這個世界無比幸福和美好。

其實就是因為我們的心境改變了，這個世界也就變了。

有一個英國老婦人在彌留之際寫道：「我將不再工作，永遠永遠不再工作。」永遠不再工作多少有某種死亡的寂寥與蒼涼。我們在失業時候，不要以為天塌下來了。為自己鼓勁，為自己加油，天底下總有屬於自己的「佳美之處」。在職時候，我們手頭所做的很多工作因不是我們的興趣所至，為此我們常有怨言。如果你我都認同有事做是幸福的話，那麼你我多少有點身在福中不知福的滋味了。很多人都有過失業或者沒事做的經歷，那時他就會覺得時間過得很慢，生活十分空虛。經歷過這種事情的人都知道，有工作非但不是不幸，反而是一種幸福。

有事做是一種幸福，有條件和機會去忙碌是一種榮幸。有事做，在忙碌中把每一天的時間都填滿。生活因忙碌而繽紛多彩，生命因忙碌而飽滿充實。生命的意義在於獲得充實和精彩，而不在於活得長短；生命的厚重來自於生命的品質和價值，而這種價值則展現在多做有意義的事情中。只要有事做，每天都會向著目標去努力，這樣活得才有希望。只要有事做，你就會覺得，在這個世界上，還有人需要你。做事可以激發人的責任感和使命感，使人以堅定的信念去活好每一天！

勤勞收穫的不僅是成功

世界上最寶貴的除了良好的心理素養，還有一個東西，就是勤奮。最寶貴的勤奮，不光是身體上的勤奮，更是精神上的勤奮。勤奮靠的是毅力、是永恆。文學家說：「勤奮是打開文學殿堂之門的一把鑰匙。」；科學家說：「勤奮能使人聰明。」；而政治家說：「勤奮是實現理想的基石。」；而平凡的人則說：「勤奮是一種傳統的美德。」可見，勤奮的作用是多麼巨大。

勤奮是人生路上的基石，是激勵我們前進的進行曲，是我們取得成功的靈魂。我們的幻想毫無價值，我們的計畫渺如塵埃，我們的目標不可能達到。一切的一切都毫無意義——除非我們勤奮努力。一個人無論自身有多好的天賦，多高的智商，多麼優越的條件，如果不勤奮努力，怕吃苦受累，就永遠不可能走向成功；任何寶典，即使我們手中的《羊皮卷》，如果不勤奮的去研究發現，永遠也不可能創造財富。只有勤奮努力，不怕吃苦，才能使我們走向成功，才能使寶典、夢想、計畫、目標有現實意義。勤奮像食物和水一樣，能滋潤我們，使我們通向成功之路。自古以來功成名就的人，都離不開一個「勤」字。人的一生在於勤，勤能補拙，不勞無獲，勤勞可得，不勤則飢，不勤則愚。

人生之路上，以勤為徑，要得幸福，還須苦行舟。勤勞一日，可得一夜之安眠；勤勞一生，可得幸福之長眠。自古以來學有建樹的人，都離不開一個「苦」字。吃得苦中苦，方為人上人。寶劍鋒從磨礪出，梅花香自苦寒來。人生的大道上荊棘叢生，生活之路上烽煙滾滾，只有意志堅強而勤奮吃苦的人，才可以在笑中達到目的地。人生不往前走，不知路遠；人生不得勤奮，不明智理。天才源於勤奮，蠢人出自懶惰，明智之人甘當勤奮的小蜜蜂。勤奮，是智慧的雙胞胎，懶惰，是愚蠢的親兄弟。勤奮的人，擅於利用時間，懶惰的人，總是沒有時間。勤奮，是時間的主人，懶惰，是時間的奴隸。人的一生須得忙碌，忙碌才能展現價值，贏取嚮往的收穫。

世界上，沒有任何動物會比螞蟻更勤奮，然而，它卻最沉默寡言。如果每一條路上的人們，都能學會做螞蟻，那麼，碌碌無為的人即將遠離。春天不播種，夏天就不會生長，秋天就不能收割，冬天就不能品嘗。人類要在競爭中生存，便要勤奮，要在社會中發展，便要奮鬥。古往今來，任何成功與收穫，無不是腳踏實地，艱苦卓絕，勤奮辛勞的結果。只有勤奮，你才可以採摘到果實。我們每個人身上都扛著一把採摘豐收的階梯，那就是勤奮。手懶的，要受窮；手勤的，得以富足。要想擁有富足，就必須無畏的攀登，像登山員攀登珠穆朗瑪峰一樣，要克服無數前進中的艱難與險阻。懦夫和懶漢，是不可能享受到豐收果實的喜悅和擁抱富足而幸福的。

只有勤奮，才能治癒貧窮的創傷；只有勤奮，才能閃耀幸福的光環；只有勤奮，人類才能看到希望和光明的前程。閃光的人生由勤奮打造，智慧的人生由勤奮堆積，偉大的人生由勤奮炫耀，平凡的人生由勤奮結實，堅強的意志和承受的能力透過勤奮得以深化，這乃是立足於每一時代的根本。勤奮不是嘴上說說而已，而是實際的行動，勤奮的持之以恆，永不退卻。業精於勤，荒於嬉；行成於思，毀於隨。在人生的旅途中，我們毫不遲疑的選擇勤奮，只要我們去思考，去耕耘，我們的生命就會綻放火花，讓人生的時光更加閃亮而精彩。

只要用心觀察，你就會發現，自己身邊那些有成就的人大多數都是勤勞的人，你可以任意找一個古今中外對人類有貢獻的人，然後研究他的一生，就會發現，他們全都是勤勞的人，他們全都認為勤勞是做人的根本。正是勤勞鑄就了他們生命的高貴。勤勞是幸福之本，懶惰是萬惡之源。美國哈佛大學的學者們進行了二十多年的追蹤研究之後發現，愛勞動的孩子和不愛勞動的孩子相比，成人後的失業率是一比十五，犯罪率是一百十。這個比例是驚人的！這說明，勞動不僅是創造物質生活資料的主要手段，也是改造人的思想、淨化人的心靈、形成美好情操和良好品德的重要途徑。一個愛勞動的孩子，往往在未來的生活技能和品德上遠遠超過不愛勞動的孩子。孩子如果經常參加勞動，親身體驗到勞動的艱辛，就會知道勞動成果來之不易，就會加深與父母和勞動人民的感情，從而生髮孝敬父母、關愛他人、勤儉持家的意識；孩子如果從小不熱愛勞動，不參加勞動，就會生髮養尊處優、好逸惡勞、鄙視勞動者的意識。

古人云：「勤能補拙，天道酬勤。」從古至今，凡是有所成就的人，都付出了我們難以想像的艱辛，許多人都只是看到了他們頭上的光環，看到了他們站在領獎台上的風光，卻往往忽略了他們在成功道路上的勤奮努力。沒有付出是不會有回報的，沒有人能隨隨便便成功。在工作中，我們不要嫉妒任何人的成就，因為我們沒有看到他們背後的勤奮，我們也不要羨慕別人比自己強，那是因為我們的勤奮程度遠不如他們。

所以從現在起，我們要勤奮努力，不要把今天的事情留給明天，因為明天是永遠不會來臨的。現在就要付出行動，付出努力，即使我們得到的只是微不足道的回報，但我們的內心也是快樂的充實的。無論是在學習還是在工作中，無論是現在還是將來，我們都要牢記「勤奮」這兩個字，並無時無刻的提醒自己，直到成為習慣，好比呼吸一般，成為本能。在人生的路上，有許多機遇，但同時也面臨著許多挑戰，當機遇降臨時，我們要有充分的準備，因為機遇只會留給有充分準備的人，這就要求我們永遠不能放鬆自己，一定要勤奮努力；當面對挑戰時，我們不要避而遠之，要以一顆平靜的心去迎接它，因為我堅信只要我們勤奮努力，就能經得住考驗，克服一切困難，勇往直前。

每個人都渴望成功、快樂，但成功不會眷顧懶惰的人，快樂不會同情懦弱的人，所以只要我們從點滴做起，堅持勤奮努力，成功才會青睞我們，才會投入我們的懷抱，快樂才會陪伴在我們的身邊。

成功是磨練出來的

俗話說：「玉不琢不成器。」一塊璞石，若不經過雕刻家的雕琢，就很難成為價值連城的美玉。同樣，一個人如果不經過生活的磨練，就很難成為一個有成就的人。《鋼鐵是怎樣煉成的》中的保爾從小就生活在社會的最底層，飽受折磨。在他走上革命的道路後，接踵而至的挑戰讓他的品格日趨剛毅，即使傷病無情的纏繞著他，所愛的女子先後離開，即使他不得不臥在床上，失去了正常的活動能力，他仍然沒有放棄對革命事業的熱枕，而是堅持著寫作，用另一種方式實踐著生命的誓言。保爾正是憑藉著那一份執著，那一份堅守，才有力量走出人生的低谷。我想，在這樣尖銳而殘忍痛苦的磨練後，他的內心在吶喊，在呼籲——不要被磨練和挫折打倒而碌碌無為，虛度年華！

人生需要磨練，因為磨練，我們看到了一個人對夢想的追逐。

周杰倫，一個唱響亞洲的音樂天王。也許很多人只看到了他現在的光輝，又有幾個人知道他音樂歷程中有過的辛酸？周杰倫從小在音樂方面就有很大的天賦，他熱愛彈鋼琴，熱愛音樂，就像愛自己一樣。二十歲那年，他簽約了一家公司。然而外表並不出眾的他並沒有受到上司的賞識，他默默無聞的吃著泡麵，穿著那幾件洗褪色的T恤，在公司桌前不停的寫曲，卻一次次被退回，終於，老闆有天對他說，如果三天內你寫不出三十首讓我滿意的歌曲，你就不用再來了！當他聽到這話時猶如當頭一棒。誰知道哪種類型的歌曲能獲得老闆的青睞呢？但周杰倫沒有放棄，他不分日夜的創作著，譜寫著，在那一個個跳動的音符上，他寄予的是對音樂夢想的期待和希望，三天後，一首《龍捲風》獲得老闆的喜愛，一週後，他的名字就像龍捲風一樣刮遍整個流行歌壇！

如果沒有這樣的磨練，恐怕現在他仍然是名不見經傳的一個作曲人。喜歡周杰倫，不因為他的貌相或名氣，而是讚賞他在面對挫折，面對考驗和磨練時的堅定，人生沒有什麼事能將一個人打倒，只要他們的信念還屹立著。

人生需要磨練，先哲們早就認識到這一點。孟子云：「故天將降大任於斯人也，必先苦其心志，勞其筋骨，餓其體膚，空乏其身，行拂亂其所為。所以動心忍性，增益其所不能。」這告訴我們，一個人要想有所作為，一定要經過一番艱難困苦的磨練。生活猶如一面大海，時而風平浪靜，時而波濤洶湧，而我們每個人則是舵手，面對生活中的大風大浪，只有堅強的人才能出色的完成自己的人生航行。

有的人在面對厄運、失落和挫折時，能以從容的心態去面對，憑藉自己頑強的意志去克服困難，取得非凡的成就。日本著名指揮家小澤征爾的故事會給你一些啟迪。

一九六二年，小澤征爾已是一位相當引人注目的年輕音樂指揮家。可是，當年的「小澤事件」對於一直走在坦途上的小澤征爾來說，的確是一個很大的打擊。音樂團中的一些年輕成員對他很不服氣，拒絕參加演出，空蕩蕩的劇場裡只有小澤征爾一個人站在指揮台上，公開被晾在台上，可以想像，這給年輕的小澤征爾帶來多麼大的打擊，簡直是奇恥大辱，憤怒之餘的小澤征爾毅然決然離開了自己的國家。五年之後，經過刻苦的努力，西方輿論界稱其為「當今世界著名指揮家」。十年之後，受聘於波士頓交響樂團。

試想，如果沒有當初的「小澤事件」，會有今日的小澤征爾嗎？如果小澤征爾沒有對待失敗的勇氣，他還能敲開世界一流樂團的大門嗎？

以上事例都在證明，生活需要磨練，只有經得起磨練才會有所成就。可是有的人，在挫折面前卻不堪一擊。歷史上叱詫風雲的項羽，在垓下之圍中未能經得住考驗，上演了「烏江自刎」的悲劇。讓人不免歎息，如果他能重整旗鼓，捲土重來，天下也許就會是項家的了。現實中，經不起磨練的也大有人在，有的孩子在父母的保護傘下生活，一旦脫離了父母的視線，遇到一點點挫折，就一籌莫展，甚至走上極端。試想這樣的人，在以後的未知的人生之路上，怎能經得起考驗？又如何能成大器、立大業呢？

磨練如同風雨後的彩虹，絢麗斑斕；磨練如凝成珍珠的沙礫，圓潤光澤；磨練如同海風中的海燕，高傲飛翔。人生如果沒有磨練，那又怎能展現出人生的精彩。正如冰心所說：成功的花，人們只驚羨她現時的明豔，然而當初她的芽，浸透了奮鬥的淚痕、犧牲的血雨。烏雲密布，電閃雷鳴，狂風大作，雨點紛至。滾滾的烏雲如同一團濃墨，一條條銀色毒蛇在其中翻騰，嘶咬著天空；狂風如曠野中受了驚的野牛，勢不可當；雨點如戰場上的槍林彈雨，紛紛而至。如此惡劣的環境下卻造就了一朵出淤泥而不染的「荷花」——彩虹，閃著絢麗的光芒，散發七彩的高貴氣質。

人生就如一條漫長的路，這條路可能並不平坦，也許有無數的磨練在等待你。磨難在強者面前是一個助力器，而在弱者面前則是一塊絆腳石。強者利用它使自己更快的前進，摔倒了爬起來繼續走，而弱者被它絆倒了就不再起來，徹底認輸了。在生活中，我們每一個人其實都在經受磨難。只要你用心去做，問題自然會迎刃而解。梅花香自苦寒來。多一些磨練，就如梅花在冰天雪地中經受磨練之後，才能在天地之間留下一絲花香，才會給銀裝素裹的大地增添一抹色彩。想聞到成功的「香」味，就要在「寒」中磨練。

找對自己的人生座標

找對人生座標，放棄不想做的事，選擇喜歡並擅長做的事，就能充分發揮自己的聰明才智，成就完美的人生。有句古話：「有所為就有所不為。有所得，就必有所失。」什麼都想得到，只能什麼都得不到。要想獲得某種超常的發揮，就必須揚棄許多東西。盲人的耳朵最靈，因為眼睛看不見，他必須豎著耳朵聽，久而久之，耳朵功能達到了超常的功能。會計的心算能力最差，二加三也要用算盤打一遍，而擺地攤的則是速算專家。生活中也一樣，要想使某方面的能力得到充分發揮，就必須放棄其他方面的能力。

「橘生淮南則為橘，橘生淮北則為枳。」在茫茫世界，找對適合自己的位置，就能使自己有用武之地；倘若沒有找對自己的位置，那麼你註定會走彎路，甚至會誤入歧途。正如著名作家富蘭克林所說：「寶物放錯了地方，便是廢物。」一個人要想抓住成長路上每個良好的機遇，就要恰當取捨，善於放棄和選擇。學會放棄不想做的事，學會選擇喜歡並擅長做的事，這樣才能在自己的人生道路上，找到適合自己的人生座標，才能充分發揮自己的聰明才智，改變自己的命運，從而到達成功的彼岸。

世界首富比爾．蓋茲中學畢業的時候，父母對他說：「哈佛大學是美國高等學府中歷史悠久的大學之一，是一個充滿魅力的地方，是成功、權力、影響、偉大等的象徵和集中展現。你必須讀一所大學，而哈佛是最好的選擇。它對你的一生都會有好處。」

蓋茲聽從了父母的勸告，進了美國著名的哈佛大學。他當時填的專業是法律專業，但他內心其實並不想繼承父業去當一名律師。蓋茲在哈佛讀大學，但他真正的興趣依然在電腦上：他曾同朋友一起認真討論過創辦自己的軟體公司。他認定「電腦很快就會像電視機一樣進入千家萬戶，而這些不計其數的電腦都會需要軟體」。大學二年級的時候，比爾．蓋茲終於向父母說了他一直想說的話：「我想退學。」他的父母聽了非常吃驚，也非常傷心。但他們無法說服蓋茲改變主意。於是，他們請了一位受人尊敬的商業界領袖去說服蓋茲。蓋茲在同這位商業巨頭會面的過程中像個布道者一樣滔滔不絕向他講述自己的夢想、希望和正著手做的一切。這位商業巨頭不知不覺被感染了，彷彿又回到了自己當年白手起家的創業時代。他忘記了自己的使命，反而鼓勵蓋茲：「你已經看到了一個新紀元的開始，而且正在開創這一個偉大的時代。好好做吧，小夥子。」父母無奈，只好同意了蓋茲的要求。

從此，蓋茲一心一意投身於自己的電腦軟體領域中，最後他開創了世界矚目的業績，獲得了無比榮耀的人生。蓋茲為了使自己的計畫實現，權衡利弊，勇於放棄讀完哈佛大學的機會，轉而投身於自己有興趣的軟體。如果他聽取了父母的意見，讀完大學再來創業，他現在又如何能享譽全球，成為世界上最聲名顯赫的「軟體大王」比爾．蓋茲呢？

理智放棄是權衡利弊的結果，一些成功者往往是因為適當放棄了一部分小利益，所以才獲得了最後的勝利。伽利略是被送去學醫的。當他被迫學習解剖學和生理學的時候，他還學習著歐幾里得幾何學和阿基米德數學，偷偷的研究天體問題，最終成為著名的天文學家。可見，找對人生座標，適當放棄，也是一種明智的選擇，只有放棄自己不想做的事，選擇自己的喜好，才能成就自己完美的人生。

曾讀過一則寓言故事，講的是：有兩隻畫眉鳥，一隻在樹林裡自由自在，無拘無束；另一隻在籠子裡養尊處優，無所事事。牠們渴望有朝一日能夠擁有對方的生活。有一天，牠們終於如願以償，互換了位置。然而好景不常，兩隻畫眉鳥都死掉了。走進籠子的畫眉鳥困在狹小的空間裡，終日心情消沉，最後憂鬱而死。走出籠子的畫眉鳥因沒有捕食本領，整天只能望天興歎，最後飢餓而死。這個寓言告誡我們：必須找對自己的座標。

世間萬物各有屬於自己的一片天地，是駿馬就應馳騁草原，是雄鷹就應搏擊長空，是彩鳳就該飄落梧桐，是青松就該傲立山峰，是梅花就該怒放冰雪臘月。人生的訣竅就是找對自己的座標。塞涅卡說過：「如果一個人不知道他要駛向哪個碼頭，那麼任何風都不會是順風。」《淮南子．兵略訓》寫道：「若乃人盡其才，悉用其力。」其意思是說，人用在當用之地，其才幹能力才能充分發揮。成功學專家羅賓曾說：「每個人身上都蘊藏著一份特殊的才能。那份才能猶如一位熟睡的巨人，等待著我們去喚醒他。」上天不會虧待任何一個人，他給我們每個人以無窮的機會去充分發揮所長，我們每個人身上都藏著可以「立即」領取的能力，憑藉這個能力我們完全可以改變自己的人生，只要下決心改變，那麼，長久以來的美夢便可以實現。

諾貝爾化學獎得獎者奧托．瓦拉赫，曾經在文學之路和藝術生涯中一無所成，然而他對化學研究情有獨鍾，最終獲得了諾貝爾化學獎。著名漫畫家朱德庸，小時候曾經是一個問題孩子，然而他對圖形很敏感，最終在二十五歲時以《雙響炮》、《澀女郎》、《酷溜族》等作品紅透全臺。他們的成功告訴我們，人生漫漫，只有找對自己的人生座標，就能最大限度的發揮自己的才能，從而走出一條更加便捷的職業發展道路。然而，尺有所長，寸有所短。人不可能在各方面都非常優秀，或多或少總會在某方面存在一定的缺陷，一些偉人也毫不例外。例如：拿破崙矮小、林肯醜陋、羅斯福小兒麻痺痺。但是，他們找對自己的座標，發揮自己的長處和優勢，並充分挖掘潛力，擁有了極其輝煌自信的一生！其實，人生苦短，要想過得充實快樂，不枉此生，就要正確的估量自己，找對自己的人生座標，踏踏實實走好每一步。找對自己的人生座標，展現了一種境界，一種遠見，一種精神。它需要我們追求穩重，遠離浮躁；追求奉獻，遠離索取；追求高尚，遠離庸俗。

在這個世界上，只有找對人生座標的人，才能夠取得成功，生命才會熠熠生輝。也只有在大千世界當中找對了自己的座標，才能夠亮其才智，展其人生，才能夠活出一個最真實的自己！

學會走出困境

人的一生，「不如意事十之八九」，總有失意與困惑的時候。事業的挫折、家庭的矛盾、人際關係的衝突等都是經常會碰到的，如不注意調劑疏泄，會導致內心矛盾的衝突，使自己陷入鬱恐、焦慮、悲痛等心理困境之中，對身心健康危害極大。從某種角度上講，人的毅力就像彈簧，你越壓緊，得到的彈力越大，而那些壓緊了卻彈不起來的人，不是因為沒有毅力，而是他的彈簧生了鏽。我們常常會有「為山九仞，功虧一簣」的遺憾。成功就在一步之遙，但卻在最後的關頭放棄了努力，讓勝利輕易的擦肩而過，那該是多麼懊惱的事情！

有一年的考試作文題目是一組漫畫：一個人挖井找水，挖了幾眼井，都沒挖到有水的深度就放棄了，有一眼井只差幾鍬就可見水了，他又「止之不作」了。最終沒有找到水，只得悻悻離去。考生們根據漫畫寫作文，可批評「淺嘗輒止」的不良學風，可講「不講科學，盲目打井」的教訓，也可檢討「見異思遷，三心二意」的毛病。而我要借這漫畫說的，就是「成功往往在於再堅持一下的努力之中」。

在美國西部的「淘金熱」中，有一個人挖到了金礦。他高興極了。越挖掘希望越大，誰知後來礦脈突然消失了。他繼續挖掘，但努力仍歸於失敗。最終，他決定放棄。把機器變賣給了一位老人後，他坐火車回家了。這位老人請了一位採礦工程師，在距原來停止開採的地下三尺處挖到了金礦。這位老人從別人放棄的地方開始，淨賺了幾百萬美元，那個沒有「再堅持一下」的老兄若是知道了這個結果，大概會悔恨終生的。另有一位企業家經營超市時，連續虧損六年。但他沒有就此放棄，而是堅持走自己的路。在調整了營業方針，隨著市民消費能力提高之後，超市開始轉虧為盈，如今他的企業穩居便利商店業龍頭地位。

這些故事告訴我們，往往在最困難的時候，最需要「再堅持一下」，這是對自己勇氣和毅力的嚴峻考驗。膽怯的人往往會退縮，而勇敢的人則會經受住考驗。

所以，適時調整，等待時機，也是不可少的。越是在困難的時候，越要「再堅持一下」。有時，在順境時，在目標未完全達到時，也要「再堅持一下」，不要因小小的成功就停止不前。在一些自然災害造成的災難中，不幸的人們被埋在廢墟下。沒有食物，沒有水，沒有亮光，連空氣也那麼少。一天，兩天，三天……還有希望生還嗎？有的人喪失了信心，他們很快虛弱下去，不幸的死去。而有些人卻不放棄生的希望，堅信外面的人們一定會找到自己，救自己出去。他們堅持著，哪怕是在最後一刻……結果，他們創造了生命的奇蹟，他們從死神的手中贏得了勝利。

當你遇到困境時，當你就要絕望時，請再堅持一下。如果你正處在困境中，希望能放鬆心情，以積極的心態開始新的一天，換一個心情，換一個角度，也許困擾你的難題也就迎刃而解了。具體說來，可以嘗試下面幾種方法：

（1）**我已經擁有了很多，覺得自己已經很不錯了，不要要求太高**。佛說，人感到痛苦通常是因為想得到不屬於他的東西。違背命運的欲望會使人痛苦。通常我們會為自己沒有的東西而苦惱，卻看不到自己擁有的，如健康——可以聽、可以看、可以愛與被愛，每天擁有實物供我們享用等。正如那句老話所說：「失去了才知道珍貴。」困境也是一樣，有的時候放棄是對生活的完善。想得到更多，必有更多失去。

（2）**我有自己的優勢，要相信自己**。每個人總有自己的優勢，只是沒有機會，不要否定自己，你曾經取得的成績就是證據。要相信你自己，在長久的困境中也許你開始感到懷疑，其實你應該鎮定並且再堅持一下，要看到希望，看不到希望也要明白天將降大任於斯人也，必先苦其心智，增益其所不能。總之，要麼調整你的方向，是你走錯了路，要麼你終究可以走出困境的樹林。

（3）**我應該心存感激**。也許長久的困境使我們脾氣暴躁，失去了包容和愛心，但是，我們也要盡量把持自己，適當的控制自己，並暗暗的感謝別人。

（4）**我怎樣才能充滿活力？在困境中的人，上帝關閉了你的一扇門，那麼一般情況下他也會打開另一扇窗**。如果你的事業不順，那麼就多花點時間陪陪家人，親近自然和一些平時你沒有關注過的身邊的細節，也許不經意間，你走出了困境。家庭不順的人也一樣，把心思放在其他地方看看，他山之石，可以攻玉。

（5）**我今天能解決什麼問題？人在困境中不一定要解決什麼問題**。平安度過困境才是真正的大問題。所以，在困境中不要總是那麼認真，有時候拖延也是一種對策。

（6）**我能拋下過去的包袱嗎？在困境中人的包袱特別多，特別是責任感強的人**。一句話，還是要相信自己，挺過去，暫時把包袱放一放，或者忽略它，挺過去後再背負起你的責任。

（7）**我怎麼換個角度看待問題？若說人們總是在失意的時候看莊子、老子，在得意的時候看法家、孟子**。這是對人有利的。得不到別人的認可，但自己要認可自己，莊子的逍遙思想有助於事業上失意的人們。很多人都經歷過為一件事苦惱不堪，然後又覺得可笑的時候，悲和喜只是我們看問題的角度不同而已。

人生總有困境，人在困境中明白天地的道理和自己的渺小。初出茅廬的少年只要有能力往往覺得無所不能，世間大有可為，經歷過生命的挫折後才會變成不卑不亢的成熟男人。不要覺得我是在說笑，走過困苦的人應該不會把我寫的當成是在說笑吧。在順境的時候要謹慎，困境的時刻要鎮定。時刻思考自己，盡量消除阻力。

人生沒有永遠的劣勢

判斷一個人是否是可塑之才，除了看他的為人處世之道，也要考察他被放任無所事事時的表現。不受重用的時候，不要灰心喪氣，更不要自暴自棄，這是我們養精蓄銳的最好時機。等我們的能力強化了，便能在機會來時，一手抓住。

正如一位哲學家所言：「當上帝關上一扇門時，會為你另外打開一扇窗。」在這個變幻無常的世界上，沒有永遠不變的劣勢與優勢，正所謂三十年河西，三十年河東，就像紅樓夢裡的四大家族一樣，曾經顯赫一時，可是也有「家敗凋零」的時候。同理，無論你現在多落魄，也絕不要貶低自己，永遠不要放棄自己，只要你善於思考，保持積極向上的良好心態，看上去不可逆轉的劣勢或許會為你叩開下一扇成功之門。

誰都渴望人生是一望無際的草原，是一路順風，那樣我們就可以在上面任意馳騁，揮灑自己的理想。但這只是我們的一廂情願，曲折才是人生的常態，上帝不會隨隨便便就把你想要的東西給你。人生的路上總會遇上一些不順心的事，這時，人們可能會埋怨上天不公平，抱怨社會的黑暗，感歎自己命運的多舛，於是否定自己，放棄自己，覺得自己註定不會有出人頭地的機會。其實，這一切都是人生的常態，人生不可能是一帆風順的。我們來看下面的名人所經歷的坎坷故事吧！

弗萊德．艾斯泰爾，美國電影舞星。一九三三年到米高梅電影公司試鏡後，導演給的紙上評語是：「毫無演技，前額微禿，略懂跳舞。」到了後來，直到艾斯泰爾成為電影舞星時，這張被他裝裱過的字還一直掛在他比佛利山莊的豪宅中。

彼得．丹尼爾，著名商人。小學四年級時，常遭班導飛利浦太太的責罵：「彼得，你功課不好，腦袋不行，將來別想有什麼出息。」彼得直到二十六歲時仍大字不識幾個，有一次一位朋友念了一篇《思考才能致富》的文章給他聽，彼得深受震動，此後他就像變了一個人。現在他買下了當年曾打架鬧事的那個街道，並且出了一本叫《菲利浦太太，你錯了》的書。

達爾文，英國博物學家。年輕時曾決定放棄行醫，遭到父親的斥責：「你放著正經事不做，整天只管打獵、捉老鼠，將來怎麼辦？」後來達爾文在自傳裡透露：「小時候，所有的老師和長輩都認為的資質平庸，我與聰明是沾不上邊的。」

羅丹，法國雕塑藝術家。父親曾抱怨羅丹是個白痴兒子。在眾人眼中，他也是個前途無「亮」的學生，藝術學院考了三次也沒考進去。他叔叔絕望的說：「孺子不可教也。」

愛因斯坦，諾貝爾物理學獎獲得者，四歲時才會說話，七歲才認識字，老師給他的評語是「反應遲鈍，不合理，滿腦子不切實際的幻想」。他曾被退學，在申請進入瑞士聯邦技術學院時也被拒絕。而他死後，許多科學家都在研究他的大腦和常人的不同之處。

邱吉爾，第二次世界大戰時期任英國首相。小學六年級時曾經留級，他的前半生也是充滿失敗和挫折，直到六十二歲才當上首相。

吳清源，圍棋大師。年幼時酷愛下棋，但由於家境貧寒，生計常無著落。舅舅曾勸他另學一技之長，他不做。舅舅生氣：「下棋能當飯吃？」吳清源答道：「能。」後來他十多歲時在段祺瑞府下棋，月支八塊大洋，足以養家糊口。東渡日本後，他曾擊敗所有高手，獨霸棋壇。

我們每個人都有足夠的力量去實現自己的理想，但是很多人在途中卻放棄了這樣的機會。努力不懈堅持自我吧！堅持之後，你會發現，當你的心變成了一個花園，世界也就成了一個花園。你聽過世界著名歷史學家威廉·布列斯柯的故事嗎？他是一個瞎子，還患有嚴重的神經痛，腳也是瘸的，和別人相比顯得比較遲鈍，但同時他又是一個富家子弟，他的雙親留給他一大筆遺產。憑著這兩個條件的結合，他似乎有充足的理由把自己扔在家裡，很悠閒的度過這一生。但是，他並沒有如此，他經常出現在馬路上、圖書館中，人們看到他工作個不停，他有意識的要給自己更多的工作，不斷設法使自己繼續工作。

對於世間萬物，上帝的態度都是公平的，窮人很窮，可也有窮人的快樂，富人有錢，可也有富人的麻煩。一個障礙，的確讓人痛苦，可反過來想，這也是一個新的已知條件，只要你願意，有決心，任何一個障礙，都會成為一個超越自我的契機，一個改變劣勢的轉捩點。關鍵是如何去面對困境，如何在困境中調整心態，將困境轉變成力量之源。

在生命的旅程中，每個人都會遇到諸多磨難，這時的我們不要自暴自棄，也不必怨天尤人，而是應該以一種正確而積極的態度去應對。不要隨意貶低自己。在生活或事業的低谷中，即使你把工作做到最出色、最完美，也並不能得到所有工作者的認可。還有，做到出色要付出更多的時間和精力，薪水和待遇卻很可能暫時並不比別人好。但是，如果將目光放長遠一些，我們就能得到一個與之相反的答案。從根本上說，一個人熱愛自己的工作，將每件事情都做到出色，主要是為了自己的發展，為了自己以後的成功。低潮期也是一個人成功路上的某個階段，不能迴避。我們的成績和機會正是從低谷中爭取過來的，透過耐心的把板凳坐熱，透過出色的工作，總會為以後的成功打下堅實的基礎，當機會來臨，你會發現曾經的劣勢如今已是你最大的優勢。

在美國還有一位叫凱絲．戴萊的女士，她有一副好嗓子，一心想當歌星，遺憾的是她嘴巴太大，還有暴牙。她初次上台演唱時，努力用上嘴唇掩蓋暴牙，自以為那是很有魅力的表情，殊不知卻給別人留下了滑稽可笑的感覺。有一位男聽眾很直率的告訴她：「暴牙不必掩藏，你應該盡情的張開嘴巴，觀眾看到你真實大方的表情，相信一定會喜歡你的。也許你所介意的暴牙，會為你帶來好運呢！」一個歌唱演員在大庭廣眾之下暴露自己的缺陷，首先要用理智說服自己，還要有勇氣打敗自己。凱絲．戴萊接受了這位男聽眾的忠告，不再為暴牙而煩惱，她盡情的張開嘴巴，發揮自己的潛能特長，終於成為了美國影視界的大明星。

人有了信心，就會產生意志力。人與人之間，弱者與強者之間，成功與失敗之間，最大的差異就在於意志力的差異。人一旦有了意志力，就能戰勝自身的所有弱點。

第九章

我們的不幸往往緣於我們對於幸福的追求！我們做事之初喜歡抱著一種信念：我們一定能在世間找到某種幸福。

——叔本華

（德國哲學家，意志主義的主要代表之一。其作品文筆流暢，思路清晰，後期散文式的論述對後來哲學著作的詩意化產生了較大影響。）

第九章

發現身邊的感動

我們曾經為什麼事而發自內心的感動和快樂過，是不是生命中少有的幾件大事呢？這個問題雖然乍看似乎沒有問的必要，但若仔細想想，其實很值得深思。人生中沒有大事，有的都是一件一件的小事。如果誰只想為大事感動，為大事快樂幸福，那這樣活著的人，實在有點可憐，因為生活由小事組成，不能為小事感動就等於不會感動生活，不能為小事快樂就沒有快樂。人生是由每個片刻串聯起來的，不能在每一刻好好享受生活，不能為生活中的種種而感動和快樂，那就更不用說整個人生了。

社會在發展，生活中的機械味道越來越濃，人們不約而同用無情來武裝自己，甚至認為，感動是一種無知。可是，感動卻是生活中最不可或缺的糧食。

生活需要感動。就像人需要戀人，肚子需要麵包，魚兒需要水源。

生活需要感動。就在你愛情不如意的時候，或許有人會用溫柔的語言安慰你，會一心一意幫助你。或許你當時並沒有真正的在意，但當你的愛情如意的時候，你會發現，原來是有人在默默幫助你。這時，你擁有了一種朋友間不可缺少的感動。

生活需要感動。就在你生病的時候，家人為你端上熱騰騰的熱湯，為你遞上藥，緊張的對你噓寒問暖。不難發現，你再次擁有了一種感動，一種比藥劑還神奇的感動。

生活需要感動。就在你學習緊張的時候，或許有人會在晚上陪伴你走夜路回家，會經常問起你學習狀況，會聽了不耐煩的回答後安慰的微笑，這個人或許是父親，或許是母親。不管是有繁忙工作的人，有緊張課業的人，還是生活無憂的人，生活困難的人，他們的生活都需要感動，因為他們的心靈都是一樣的飢渴。

有這樣一個故事：

一位單身女子剛搬了家，她發現隔壁住了一戶窮人家，一個寡婦與兩個小孩子。有天晚上，那一帶忽然停了電，那位女子只好自己點起了蠟燭。過了一會兒，忽然聽到有人敲門。原來是隔壁鄰居的小孩子，只見他緊張的問：「阿姨，請問你家有蠟燭嗎？」女子心想：「他們家竟窮到連蠟燭都沒有嗎？千萬別借他們，免得被他們吃定了！」於是，對孩子吼了一聲說：「沒有！」正當她準備關上門時，那窮小孩關愛的笑著說：「我就知道你家一定沒有！」說完，竟從懷裡拿出兩根蠟燭，說：「媽媽和我怕你一個人住又沒有蠟燭，所以我帶兩根來送你。」那一刻，女子的心裡是從未有過的感動。

記得有位哲學家說過，世界上有兩種人。一種是為別人講故事的人；另一種是成為故事中人物的人。這大概猶如生活吧，萬物總在無時無刻的感動著它，而它也正無時無刻的感動著萬物。花兒因為感動雨露贈予它的恩澤而開得更好，小樹因為感動大風與自己長年相伴而長得更壯。人是不是也能因為感動而讓自己生活得更快樂，更自由，讓自己的生命更精彩，更有活力呢？如果說雨露的存在是為了孕育花朵，那麼人活在世上就是為了用心去感受每一個感動。

生活中到處都有小小的感動和喜悅，一杯冰茶，一碗熱湯，一輪美麗的落日……這許許多多點點滴滴都值得我們細細去品味，去咀嚼。也就是這些小小的快樂，讓我們的生命更可親，更可眷戀。如果生命的大獎落到我們的頭上，我們應該心懷感激。但即使它們與自己失之交臂，也不必嗟歎，我們仍可盡情的去享受生命的小獎。人生的大事畢竟少有，可是只要我們睜大眼睛並擦亮心靈，到處都可以發現那些小事的喜悅。

為小事感動，需要具備一種修養，一種境界，一種健康的心態。在詩人的眼中，太陽每天都是紅色的；在建築師的眼中，那些出神入化的建築可以說是凝固的音樂。我們如果沒有一顆善良、熱愛生活的心，就無法感受到那些蘊含在平凡中的不平凡。所以說為小事感動，為小事快樂，並不是「燕雀小志」，而是一種美好的心態，一種生命的動力。

當我們的心容易感動時，我們就容易感到人生之可親，萬物之有情，處處都充滿著快樂，而我們對萬物的愛慕之情也就隨之擴展開來。嘗試為每件小事感動吧！為能活著而感動，為能任意伸展四肢而感動，為能自由呼吸新鮮空氣而感動，為能愉悅的享用美食而感動，為能聞到花香而感動，為能聆聽美妙的音樂而感動……生命中許多人認為理所當然的事，在你用心去體會時，會發現它們是格外幸福！

我們不要活在只有失去才懂得珍惜的狀態中，而應用心去體驗生活，因為當下的感動才是真實的擁有。

與人為善，播種真情

俗話說：「人若無德，幾與禽獸同類。」人生而為人，已是萬物靈長，不為禽獸乃人類之大福。所以說做人首先應摒棄弱肉強食的「叢林法則」，要有不經意的仁慈與不自覺的美德。一個人活在世上若無基本道德和素養，那樣的人生註定是灰色的，最終會墮入罪惡深淵。如果一個人只看到別人的「過錯」，看不到自己的缺點，這種人是世界上最愚蠢的。如果一個人只關注自己的安逸與放縱，不管別人的感受與死活，一切所作所為完全以實現自己的利益為準則，那就真的與禽獸無異了。

孟子曰：「與人為善，善莫大焉。」「與人為善」是我們這個古老民族的傳統美德，是社會和諧的潤滑劑，更是我們處理好人際關係的必備素養。只有做到與人為善，才能造就和諧的人際關係。生活中，我們的小小的善意，會使自己的周圍更加和諧，因為善行必定會衍生出另一個善行，如此反覆，生活處處都會是真情。

佛萊明是一個窮苦的蘇格蘭農夫。有一天，當他在田裡工作時，聽到附近泥沼有人發出求救的聲音，於是他放下農具，跑到泥沼邊，發現是一個小孩掉到了糞池裡。佛萊明不顧糞池的髒汙，把這個小孩從死亡邊緣救了出來。隔天，一輛嶄新的馬車在佛萊明家門口停了下來，走下來一位優雅的紳士。他自我介紹是那被救小孩的父親。紳士說：「我要報答你，你救了我小孩的生命。」農夫說：「這沒什麼，我不能因為救你的小孩而接受報酬。」

就在這時，農夫的兒子從屋外走了出來。紳士問：「這是你的兒子嗎？」農夫很驕傲的回答說：「是。」紳士說：「我們來個協議，讓我帶走他，並讓他接受良好的教育。假如這小孩像他父親一樣善良，他將來一定會成為一位令你驕傲的人。」

農夫答應了。後來農夫的小孩從聖瑪麗亞醫學院畢業，並成為舉世聞名的佛萊明．亞歷山大爵士，也就是盤尼西林的發明者，他在一九四四年受封騎士爵位，並且獲得了諾貝爾獎。

數年後，紳士的兒子染上了肺炎，佛萊明發明的盤尼西林救活了他。

那位紳士叫邱吉爾，是上議院議員；他的兒子則是在第二次世界大戰中功勳卓著的溫斯頓．邱吉爾。

一位小小農夫的一點點善良，竟然給世界帶來如此重大的變化，善莫大焉。

不過，一個人的善行會像這個故事所說的一樣，有戲劇性的報答或是獲得社會讚賞，這畢竟是很少見的。幫助別人且不圖回報，這才是真正的、無私的善。如果僅僅是為想讓人感謝或期待被社會認同而行善，那麼美好的誠意就會減低。在我們的生活中，有無數善良的人以匿名方式來投入時間、精力或金錢去行善，他們並不期望因此而獲得感謝或回報，他們是這個世間的施愛者，因為他們的善良，才使這個世界充滿愛意、充滿溫情、充滿感動。

有一個叫凱禮的窮學生，為了付學費，挨家挨戶的推銷貨品。到了晚上，發現自己的肚子很餓，而口袋裡只剩下一點錢。然而當一位年輕貌美的女孩子打開門時，他卻失去了勇氣。他沒敢討飯，卻只要求一杯水喝。女孩看出來他飢餓的樣子，於是給他端出一大杯鮮奶來。

他不慌不忙的將它喝下。而且問道：「應付多少錢？」

而她的答覆卻是：「你不欠我一分錢。母親告訴我們，不要為善事要求回報。」

於是他說：「那麼我只有由衷的謝謝了。」

當凱禮離開時，不但覺得自己的身體強壯了不少，而且對生活的信心也增強了起來。他原來是已經陷入絕境，準備放棄一切的。

數年後，那個年輕女孩病情危急。當地醫生都束手無策。家人終於將她送進大都市，以便請專家來檢查她罕見的病情。他們請到了凱禮醫生來診斷。當他聽說，病人是某某城的人時，他立刻穿上醫生服裝，走向醫院大廳，進了她的病房。

醫生一眼就認出了她。他立刻回到診斷室，並且下定決心要盡最大的努力來挽救她的生命。從那天起，他特別觀察她的病情。經過一次漫長的奮鬥之後，終於讓她起死回生，戰勝了病魔。最後，批價櫃臺將出院的帳單送到醫生手中，請他簽字。醫生看了帳單一眼，然後在帳單邊緣上寫了幾個字，就將帳單轉送到她的病房裡。她不敢打開帳單，因為她確定，需要她一輩子才能還清這筆醫藥費。但最後她還是打開看了，而且帳單邊緣上的一些東西，特別引起她的注目。她看到了這麼一句話：「一杯鮮奶已足以付清全部的醫藥費！」簽署人：凱禮醫生。

女孩眼中充滿了淚水，在心中暗暗祈禱著：「感謝您，感謝您的慈愛！」

在生活中有很多這樣需要我們說明的時候，對我們來說只是舉手之勞，或根本就是一個微笑、一句言語，卻對他人有著莫大的幫助。生活中不乏需要鼓勵的人，受傷的心需要安慰，還有的人需要我們付出同情心或者拉一把。當然，我們無從知道自己給予的點點滴滴是否會像播下的種子，是否會成長為豐碩的果實，或帶來豐厚的回報，但許多憂傷的心在得到陌生人的鼓勵之後，一定會大受鼓舞，臉上重現自信的微笑。對於那些絕望中的人，一次溫暖有力的握手，一個真誠理解的眼神，一句友好、激勵的話，也會使他們恢復勇氣，找回自信，成為人生的一個轉捩點。

在這個世界上，善良是最感人的力量，正是因為善良，我們不再孤單，不再冷漠；因為善良，我們感到了愛，感到了溫暖；因為善良，我們一次次淚流滿面，一次次勇敢前進。如果我們做到用善良的心來對待他人，對待他人寬容為懷，得饒人處且饒人，那麼我們將會是一個受人歡迎的人，是一個為他人帶來快樂和幸福的人。

幸福是一種態度

人的一生，是追求幸福的一生，沒有人會拒絕幸福，也沒有人會放棄幸福，不同的人有不同的幸福觀。那麼，什麼是幸福呢？相信每個人對幸福的理解、要求和看法都有所不同。對於一個無所事事的乞丐來說：有飯吃就是幸福。對於一個匆匆忙忙的白領來說：能閒著就是幸福。對於一個漂泊他鄉的遊子來說：回家就是幸福。對於一個失去雙腳的人來說：能走路就是幸福。對於一個經常加班的人來說：不加班就是幸福。對於一個身患疾病的人來說：不生病就是幸福。對於一個參加學測的學生來說：考上大學就是幸福。

幸福是一種持續時間較長的對生活滿足和感到生活有巨大樂趣並自然而然希望持續久遠的愉快心情。這既是每個人追求的目標，也是整個人類追求的終極目標。幸福是懷有一顆感恩的心；擁有一個健康的身體；有一幫值得信賴的朋友；有一個和睦的家庭和一個充滿希望的明天。幸福是一種感覺，它不取決於人們的生活狀態，而取決於人的心態。感覺幸福的時候一切看起來都是那麼美好。一個人在地裡勞動，滿頭大汗，可是他覺得很幸福，他就是幸福的；另一個人在自家花園裡散步，可是他覺得自己很不幸福，他就是不幸福的。其實，你覺得你幸福你就是幸福的，幸福與不幸福都在你自己的心中……

當我們還是孩子的時候，每天都在快樂的享受著幸福。這種幸福源於父母買的玩具或者好吃的零食。我們會為這種擁有而感到滿足，所以我們很幸福。漸漸長大了，開始有了自己的思維。常因老師的表揚、同學的羨慕而暗自高興，但總還會想某某同學為什麼比我優秀？為什麼每天要在父母、老師的督促下做那麼多功課，不能有多一點的時間玩樂？心情就會失落，會覺得我們並不快樂、不很幸福。

長大以後，煩心事漸漸多了，要面對的是如何干好工作，如何處理好與領導及同事的關係，如何應酬各種場面，如何掙更多的錢，如何事業再上一個台階，如何考慮個人問題，如何有個好的前程等等。各種各樣的事沒完沒了，疲於奔命，找不到幸福的感覺。

有這樣一個故事：

一個富人經常看到經過他家門口的窮人臉上掛滿了笑容，便想：「我什麼都不缺，但為什麼我不快樂，更不覺得幸福？而他卻……」百思不得其解。他終於忍不住問：「先生，看你日子過得很清貧，可你為什麼臉上總洋溢著幸福的笑容呢？」窮人笑道：「因為我每天的這個時候可以帶給我的孩子和妻子食物，雖然不是什麼山珍海味，但我們能吃飽。晚餐後，我騎車帶他們散步，雖然比不上小轎車舒服，但我覺得很溫馨。我有的這一切讓我感到幸福。難道我要因比不上富人的生活而苦惱一輩子，遠離幸福嗎？」幸福是一種心態，珍惜所擁有的，知足常樂，就是幸福。窮人走後，富人想了好久，他試著想可愛的兩個孩子，還有他賢慧的妻子，雖然不是很漂亮，但是一個完整的家，還有他的事業，充裕的物質條件，這些都是好多人不能擁有的，可他已經擁有了，他還有什麼要挑剔的？雖然有句話叫「山外有山」。此刻，他豁然開朗，他覺得他是世間最幸福的人。

幸福是一種心態。人們覺得不幸福是因為：在這個物欲橫流的時代，已忘卻或扭曲了幸福的定義。小時候感到很幸福是因為我們很單純，擁有了想要的，就認定自己是最幸福的，那就是幸福的定義。隨著年齡的成長，思想的複雜，幸福的感覺也隨之越來越少，雖然我們擁有了想要的，但我們又會認為不是最好的，幸福沒有了定義。這種不很正常的心態致使我們與幸福擦肩而過，放平心態，讓我們擁有各自的幸福吧！

人們往往有一個錯覺，總是認為生活底層的人缺少幸福的感覺，而擁有財富就會擁有很多的幸福。這是因為人們通常認為幸福是一種直觀的狀態，憑自己對別人幸福的直觀感受來判斷別人幸福的感覺。而幸福恰恰是一種自我感覺的心態而不是狀態。但是幸福的心態和生存所處的狀態卻有著直接的關係。

有這樣一則故事：

古代的時候，一個大雪封門的日子，一個鄉村小鎮的酒館裡有三位客人，一個是秀才，一個是官吏，一個是財主。三人出行，被大雪阻隔，只能喝酒。喝著喝著，湊到一起好不熱鬧。酒館門口坐著個乞丐，大雪阻礙了乞討的道路，只能躲在門口取暖。三人喝到興頭上，秀才說：「酒無詩不雅啊，得做首詩，我來頭一句，就以門外大雪為題吧，第一句：『大雪紛紛落地。』」官吏忙接一句：「正是皇家瑞氣。」當官嘛，總得想到皇恩啊，財主接下來說一句：「再下三日何妨?」財主嘛，財大氣粗，有錢嘛，下十天半個月也沒關係啊。沒等秀才接第四句，門口那位說了：「放屁！」乞丐生氣了，下一天雪我都餓著肚子，不知道去哪討飯去呢，還下三日?乞丐為果腹、秀才為功名、官吏為前程、財主為紅利，感覺苦與樂的心態絕對是不同的。

幸福的感覺其實就是需求滿足後的一種心態。按照馬斯洛對於人的需求層次論，處在不同階層的人群會有不同層次的需求。也就是不同的生存狀況的群體會有不同的感受幸福的心態。一旦低層次的需求滿足了，人們自然會有高一層次的需求。任何一個階層的人群在需求得到滿足後都有幸福的感覺，無論是低層次還是高層次的階層。心態是自己的感受，狀態是別人的感觀。所謂幸福是自己的感覺心態，絕不是別人所看到的幸福狀態。

每個人都渴望被讚美

人，總是希望得到他人的讚美。無論是咿呀學語的孩子，還是白髮蒼蒼的老人，都會希望獲得來自社會或他人的得當讚美，從而讓自己的自尊心和榮譽感獲得滿足。有位企業家說過：「人都是活在掌聲中的，當部屬被上司肯定，他才會更加賣力工作。」法國皇帝拿破崙就非常熟悉讚美的力量，而且他也具有高超的統率和領導藝術。他主張，對士兵要「不用皮鞭而用榮譽來進行管理」。他認為：一個在夥伴面前受到體罰的人，是不可能願意為你效命疆場的。為了激發和培養士兵的榮譽感，拿破崙對每一位立過功的士兵都加官晉爵，而且還會在全軍進行廣泛的通報宣傳。透過這些讚美和變相讚美，激勵士兵勇敢戰鬥。

第九章

在今天這個物欲橫流、人際關係隔閡很深的浮躁社會裡，精神的慰藉眾望所歸成為人們心田的渴望。許多人不輕易對別人流露讚美的情感，讓美好的言辭硬生生的壓抑在心底深處，人類情感的交流也就漸漸走向沙化的荒漠。人與人之間的肯定和讚美，在基本上，能架構起心與心相通的橋梁。讚美這個詞，對我們每個人來說並不陌生，生活中時時處處都充滿了讚美。但如何將讚美真正的發揮極致，並不是那麼容易。好的讚美會讓人充滿樂趣，回味無窮，不恰當和反面的讚美反而會給人帶來不快與難堪，反感厭惡情緒就會油然而生，也就失去了讚美的本意和效果。

卡內基講過這樣一個故事：

有一次，卡內基到郵局去寄一封掛號信，人很多。卡內基發現那位管掛號的職員對自己的工作很不耐煩，可能是他今天碰到了什麼不愉快的事情，也許是年復一年的做著單調重複的工作，早就煩了。因此，卡內基對自己說：「我必須說一些令他高興的話。他有什麼值得我欣賞的呢？」稍加用心，卡內基立即就在他身上看到了值得欣賞的一點。因此，當他在接待卡內基的時候，卡內基很熱誠的說：「我真的很希望有您這種頭髮。」他抬起頭，有點驚訝，面帶微笑。「嘿，不像以前那麼好看了。」他謙虛回答。卡內基對他說，雖然你的頭髮失去了一點原有的光澤，但仍然很好看。他高興極了。雙方愉快的談了起來，而他說的最後一句話是：「相當多的人稱讚過我的頭髮。」

卡內基說：我敢打賭，這位仁兄當天回家的路上一定會哼著歌；我敢打賭，他回家以後，一定會跟他的太太提到這件事；我敢打賭，他一定會對著鏡子說：「這的確是一頭美麗的頭髮。」想到這些，我也非常的高興。

在日常生活中，人們習以為常的是吹毛求疵，談瑕疵的多，說優點的少。大多數情況都是說別人斑斑點點，而自己完美無缺。也許是人性弱點的緣故，要真正學會讚美，並非易事，如果硬是強加讚美，不是讚美的比較遠，就是與自己身邊的人無關，那樣的讚美和無結果並無大區別，與其有還不如無。讚美是極具效率的人脈語言，我們身邊的每個人，當然也包括我們自己，都希望受到周圍人的讚美，希望自己的價值得到肯定。雖然我們都處於一個極小的天地裡，但卻仍認為自己是小天地中的重要人物。對於肉麻的奉承，我們會感到噁心，然而又渴望得到對方由衷的讚美。

那麼，我們究竟希望得到什麼樣的讚美呢？我們又該如何去巧妙的讚美他人呢？

第一，根據對方的文化知識水準。文化知識水準不同，對讚美的接受能力也不同。比如要表達對社會嫉賢妒能現象的認識，對象為知識分子，可說「木秀於林，風必摧之；堆高於岸，流必湍之；行高於眾，人必非之」之類的。但這就不能再照搬給文化水準不高的對象，而可以說「棒打出頭鳥」、「出頭的椽子先爛」這樣的俗話，對方會更容易接受，講話才有效果，讚美人同樣如此。

第二，根據對方的個性特點。對方性格外向，透明度高，可多讚美他，他會很自然接受；如果對方比較內向、敏感、嚴肅，你過多的讚美他，會使其認為你很輕浮、淺薄。因此，在讚揚對方時要注意這一點。

第三，根據對方的心理情感需求。交談雙方各有欲望，要迎合對方的需求講讚美的話，一個不喜歡淑女型，喜歡個性鮮明、男孩子氣的女子，你若誇她長髮披肩，長裙搖曳，定會婀娜多姿，美麗迷人，她也許不會感激你，還有可能罵你多管閒事。如果了解她的心理，誇她短髮看起來又精神又有活力，她一定會很開心。

第四，根據對方的性別特徵。對體胖的女子，你若說她又矮又胖，一定會令人反感；但你誇她一點不胖，只是豐滿，她會得到幾分心理安慰，不會因為自己胖而自卑。對同樣體型的男子，你說他是矮胖子，他也許會置之一笑。

第五，根據對方的年齡特徵。你若想打聽對方的年齡，對小孩子可以直接問「今年幾歲了」。對老者說：「今年高壽?」對年齡相近的異性不可直接問，要試說：「你好像沒我大吧?」對年紀稍大的女性，年齡問題更是個雷區，問得不好討人厭。一個四十歲的中年女子，你若開口就問「快五十了吧」，對方一定氣憤不已，應該小心的問「三十出頭了吧？」她一定會心花怒放，笑顏逐開。

第六，根據對方的特定心境。俗話說：入門休問榮枯事，觀看容顏便得知。在讚美別人時，要學會察言觀色。一個為事業廢寢忘食的人，一夜未眠，你可以說他是「以事業為重，有上進心」；一個為了債務焦頭爛額，心緒不寧的人，你誇他「事業有成，春風得意」，對方也許會認為你是在講風涼話。這種讚美只會達到適得其反的效果。

第七，別讓你的讚美變成拍馬屁。每個人在生活中都扮演了多重角色，角色關係不同，說話方式就不同，讚美的方式也就不同。對朋友可以真心誠意的誇他，對領導要含蓄適度的讚美，否則會認為是拍馬屁，對愛人要甜言蜜語的稱讚，對長輩要恭恭敬敬的討好，對小孩可以和藹可親誇獎。

學著包容別人的缺點

包容就好像一座座橋梁，連接著每個人，亦連接著整個世界。如果沒了包容，世界將不再是個完整的世界。因為有了包容，所以有了世界。人類沒有包容，思想不能進步，歷史不能發展。個人有了包容，心地更加淳厚，魅力增強十倍。倘若人人都學會包容，那麼這個世界就會芳草如茵，香氣馥郁。

包容是一門學問，學會包容的人，就學會了生活；懂得包容的人，就懂得快樂！這門學問，是來自內心「慈悲喜舍、善良仁愛」的自然流露！包容是一門藝術，它不是你隨隨便便可以得到，可以捨棄的東西。它是一種精神的凝聚，它是一種善良的結晶，是人性至善至美的沉澱！包容是一種美德，它可以使你的人格得到昇華，讓你的心靈得到淨化！它是人修身養性的一本「真經」。包容是一種境界，人要達到這種境界，就必須擁有博愛的心、博大的胸襟，還要有一份坦蕩、一種氣概！它是香蘭被人踩倒卻留香腳底的氣質。包容是一種幸福，能夠包容別人是一種幸福，讓別人心存感激更是一種幸福！

人生一世，不能使自己在瑣事困擾中作繭自縛，更不能在無盡痛苦中度過。包容是贏得朋友的保證。學會包容他人，就是學會了包容自己。包容他人對自己有意無意的傷害，是讓人欽佩的氣概；包容他人曾經的過失，是對他人改過自新的最大鼓勵；包容他人對自己的敵視、仇恨，是人格至高的袒露。包容是人生的財富。人生短暫、生命無常，同樣是一輩子，有的人在無盡的憤恨和埋怨中掙扎著過；有的人在快樂幸福中沐浴著過。包容別人的過失，包容眾生的錯誤，是人生最大的財富！我們看一下古人是怎樣包容他人的。

戰國時期，趙國人藺相如在澠池會上立了大功。被趙王封為上卿，職位比廉頗高。廉頗很不服氣，他對別人說：「我廉頗攻無不克，戰無不勝，立下許多大功。他藺相如有什麼能耐，就靠一張嘴，反而爬到我頭上去了。我碰見他，得給他個下不了台！」這話傳到了藺相如耳朵裡，藺相如就請病假不上朝，免得跟廉頗見面。

有一天，藺相如坐車出去，遠遠看見廉頗騎著高頭大馬過來了，他趕緊叫車夫把車往回趕。藺相如手下的人可看不順眼了。他們說，藺相如怕廉頗像老鼠見了貓似的，為什麼要怕他呢！藺相如對他們說：「諸位請想一想，廉將軍和秦王比，誰厲害？」他們說：「當然秦王厲害！」藺相如說：「秦王我都不怕，會怕廉將軍嗎？大家知道，秦王不敢進攻我們趙國，就因為武有廉頗，文有藺相如。如果我們倆鬧不和，就會削弱趙國的力量，秦國必然乘機來打我們。我之所以避著廉將軍，為的是我們趙國啊！」

藺相如的話傳到了廉頗的耳朵裡。廉頗靜下心來想了想，覺得自己為了爭一口氣，就不顧國家的利益，真不應該。於是，他脫下戰袍，背上荊條，到藺相如門上請罪。藺相如見廉頗來負荊請罪，連忙熱情的出來迎接。從此以後，他們倆成了好朋友，同心協力保衛趙國。

包容是贏得朋友的保證。學會包容他人，不是一句做作的空話，而是發自內心，形於言表的自然流露。包容他人對自己無意的傷害，是讓人欽佩的氣概。包容他人曾經的過失，是對他人改過自新的最大鼓勵；包容他人對自己的敵視、仇恨，是人格至高的流露。

在工作之中，同事之間相處久了，大家的做事方式多不同，這時會遇到矛盾、分歧等，但如大家都持著自己的觀點與意見去對待事情，難免會出現傷和氣的場面，領導採納任何一方的意見時總會把另一方意見忽略，於是雙方就會出現不滿的態度，慢慢的就有了心結。如果任何一方肯讓步的話，那事情就可改觀了，平時見面時與其點點頭、笑笑，問聲好，再則，也可主動找對方約個時間坐下來談一下，大家敞開心懷，把自己不明白的事情向對方請教，盡量的把自己的心結解開，並盡力協助對方把公司的工作做好，這樣就可得到同事的諒解，領導的認同，自己的心情也得到了舒緩。

包容是人生的財富。包容別人是一種幸福，能讓別人心存感激更是一種幸福！在辦公室裡的同事，一起工作，一起生活是一種緣分，遇到紛爭時淺淺一笑，碰到口角時沉默是金，即便有了積怨，恩仇一笑泯。選擇包容，也就選擇了理解和珍惜，同時為愛選擇了海闊天空。包容意味著不僅不計較個人的得失，更重要的是用自己的關愛與真誠來溫暖對方的心靈。心平如水的包容，使紛繁的感情經過過濾變得純淨；炙熱如火的包容，讓平淡透過鍛燒日趨鮮明。包容明亮而溫暖，不僅能融化彼此的冰凍，而且能將愛的熱力輻射進對方的心窩。

日常生活中，多一些包容，多一份愛心，就會多一份友誼，多一份溫暖，多一份陽光。日本的松下幸之助在這方面就做的很好。他不僅在企業的經營管理上取得了很大成績，在為人處世方面，也有著非常獨特的見解。松下的為人之道對每個人的人生都有著極大的啟發意義。松下指出，率直的心胸，就是寬容的接納所有的人和事物的心胸。人類不能離群獨居。共同生活的社會中，每天都會接觸各式各樣的人、事、物。如果想使大家活得更好，就一定要有「包容」的心胸。松下認為，每個人的個性、特質雖然不同，卻都有其存在價值，也都有改善人類生活的能力。如果每個人都能充分發揮自己的特質，人類生活的品質一定可以提升。所以，不應該以自己的規範衡量一切，應該多為他人著想，凡事忍讓，尊重他人存在價值，相互和睦相處。唯有如此，個人的智慧、潛能、才能得到充分的發揮，人類的生活才會越來越好。

包容確實是一門精深的藝術，當我們學會了包容，我們就會感到愛的幸福之水不時在心田中潺潺流過。正在為愛的多舛而心存積隙的朋友，請選擇包容吧！只有領略到了其中的滋味，行包容他人之舉，真正的擁有那份廣闊的心胸，那份坦然，那份自然，才是活出了真正的人生。

換個角度看世界就會不一樣

人的一生，有多少時間在規規矩矩的高興與傷心著。有時，生活的艱辛和不如意算得了什麼。也許我們應該像切蘋果一樣，換個角度看世界，世界會更美好。有人說「如果拿橘子比喻人生，一種是大而酸的，另一種就是小而甜的。一些人拿到大的會抱怨酸，拿到甜的會抱怨小；而有些人拿到小的就會慶幸它是甜的，拿到酸的就會感謝它是大的。」

生活中我們面對負面的事情太多，影響我們的情緒。當我們面對負面事件，產生消極情緒的時候，換個角度看問題往往使我們兩全其美。有時候，換個角度去思考，你會覺得心情舒坦很多！常言道：知足常樂！人生是否快樂，關鍵看你是否知足。俗話說欲壑難填，人的欲望是無止境的，一種欲望滿足了還會有更多的欲望滋生，若欲望太多太高，則永遠得不到滿足和快樂。

在各種滿足不了的欲望面前，我們需要換一個角度去理解。要始終保持一顆平常心，看淡他人升遷；要耐得住寂寞，抗得住清貧。別人才華雖不如己，卻能步步高升，醉享聲色犬馬，夜夜笙歌。換一個角度去看，他們連基本的天倫之樂都享受不到；我薪資比他們少，但精神世界比他們豐富。我們雖在小都市，但空氣比大都市好，沒有沙塵暴。當我們被繁重的工作壓得疲勞不堪時，只要想一想那些烈日下汗流浹背的工人，我們的心裡可能就會覺得好過得多。這樣一比，我們就能平靜面對現在這種簡樸的生活，我們的心靈就會充滿希望和滿足。

有個年輕人為貧所困，便向一位老者請教。老者問：「你為什麼失意呢？」年輕人說：「我總是這樣窮。」「你怎麼能說自己窮呢？你還這麼年輕。」「年輕又不能當飯吃。」年輕人說。老者一笑：「那麼，給你一萬元，讓你癱瘓在床，你要嗎？」「不要。」「把全世界的財富都給你，但你必須現在死去，你願意嗎？」「我都死了，要全世界的財富做什麼？」老者說：「這就對了，你現在這麼年輕，生命力旺盛，就等於擁有全世界最寶貴的財富，又怎能說自己窮呢？」年輕人一聽，又找回了對生活的信心。

一個少婦，不幸死了孩子，又被丈夫遺棄，覺得活著沒意思，便投河自盡。一位艄公救了她。艄公知道她的遭遇後，便問她：「你在沒結婚時是怎麼過的？」少婦說：「那時候我自由自在，無憂無慮……」「那時你有丈夫和孩子嗎？」「沒有。」「那麼，你不過被命運之船送到了兩年前。現在你又自由自在了。請上岸吧！」少婦聽了艄公的話，心裡寬敞多了，再沒有尋短見。

美國心理學家艾里斯曾提出一個叫「情緒困擾」的理論。他認為，引起人們情緒結果的因素不是事件本身，而是個人的信念。所以，許多在現實中遭遇挫折的人，往往認為「自己倒楣」，「想不通」，這些其實都是本人的片面認識和解釋，正是這種認識才產生了情緒的困擾。實際情況是，人們的煩惱和不快，常常與自己的情緒有關，同自己看問題的角度有關。能否戰勝挫折，關鍵在於自己要有核心力量，任何情況下都不被一時的失意和不快左右，永遠懷著希望和信心，就能從逆境和災難中解脫出來。

人的一生難免有挫折。我們每一個人，在工作、學習、生活中都有可能會遇到挫折。挫折並不可怕，關鍵是要以積極的心態去面對，以適當的方法去克服。肩負著教書育人重任的教育工作者，在面對學生，面對教學工作中出現的問題時，調控好自己的情緒，以正確的方法去關心、幫助、引導學生，幫助他們走出「山重水複疑無路」的困惑，達到「柳暗花明又一村」的境界。

有這樣一個故事：

數年前，一塊手榴彈片飛進了費蘭克斯少校的左腿，醫生診斷說，要保住性命必須切掉左腿。聽到這個消息，他痛苦不堪，因為他曾決定終生從軍，但他清楚的知道受過重傷的軍人很少能回戰場的。已成身心障礙者的他每當想到這裡就悲痛難忍。為了找回昔日的美好，他裝上了義肢，並漸漸變得樂觀起來。

幾年後，費蘭克斯想率領一個中隊穿越惡劣的地形，進行戰地訓練。上司用疑惑的眼神看著他的義肢，他沒有感到自卑，而是用實際行動給予了肯定的回答。現在，費蘭克斯透過自己艱苦的努力晉升成為四星上將。他對自己的成功是這樣總結的：「困難不分大小，完全取決於你的態度，你用消極的情緒去迎接困難，即使困難再小也顯得很大；你用積極的情緒去面對困難，再大的困難也不算什麼。當你走出失去的陰影時，才發現原來自己並非一無所有，只是失去身體上一個小小的部分，還有許多其他的東西可以供你好好的生活……」

一個不規則的多面體，從不同的方向看，都有不同的形態；一個事物從不同的角度看，也會得出不同的看法與結論。如果你只看到了其中的一面，便下了總結論，這往往會一錯再錯。因此，換一個角度看問題，也會有不同的收穫。換個角度看問題，更能看清事物的本質，更加全面的認識事物，使你在不同角度的變換中不斷發現，不斷感悟，不斷進步……

善待別人就是在善待自己，能給予別人快樂的人，才是真正快樂的人。生活就是人和人之間的接觸，所以經常產生些矛盾和不快也是很正常的，受一些委屈是常有的事，可是正因為這樣，才能使我變得更寬容，心胸更寬廣，更好磨練我的意志，領悟人生的真諦，正所謂，退一步海闊天空，所以，我會用包容的心去對待一切，讓自己做一個快樂的女孩。

任何事情都有正反兩方面，所有的事情，都沒有一把統一的尺規來衡量它的是與否，一件事從不同角度去看，就會看到不同的風景，會有不同的感受，只要我們做事情的時候，用積極的心態去對待，多一些寬容，多一些同理心，就算再無法逾越的鴻溝，也不能阻擋我們前進的步伐，再棘手的難題，只要換個角度去看待，也許就會有截然不同的效果，就會看到烏雲背後的藍天。

第十章

愛情只有當它是自由自在時，才會葉茂花繁。認為愛情是某種義務的思想只能置愛情於死地。只消一句話：你應當愛某個人，就足以使你對這個人恨之入骨。

——羅素

（英國哲學家、數學家、邏輯學家、歷史學家，諾貝爾文學獎獲得者，著有《俗物的道德與幸福》等作品，是分析哲學創始人之一。）

有一種愛情叫平淡

總感覺生活不那麼美好，總感覺天空不再那麼藍。任何一份愛情都是這樣，當海誓被填平，當山盟被移動，當甜蜜隨風而去，當激情漸漸平息，當浪漫情懷不再，當最初的溫柔體貼消逝——愛情，終究會歸於平淡！「愛情如果不落實到吃飯、穿衣、數錢、睡覺這些實實在在的生活中去，是不容易長久的。」

也許很多人不願意承認這句話，但是這句是真實存在的。只有當一對男女在漫長而又平淡的生活中，在普通得不能再普通、瑣碎得不能再瑣碎的吃飯、穿衣、睡覺這些事情中還能感受到彼此的愛意時，他們的愛情才是真正可以天荒地老的愛情。「再濃烈的愛情也會歸於平淡，愛情最終會轉變為親情……」

有人說，我需要的愛情是那種海誓山盟的浪漫愛情；有人說，我所喜歡的是燭光晚餐的愛情；也有人說，我所需要的是賈寶玉和林黛玉的淒美愛情。可是大家有沒有想過，愛情還有一個臉孔，那就是平淡。從某種意義上講，愛情的極限是平淡的，愛情存在於柴米油鹽醬醋茶之中。有位作家曾經這樣描述愛情的最高境界：我在床上，飯在鍋裡。我不需要波瀾壯闊，只需要平平淡淡，因為那樣才真實。執子之手，與子偕老，我心肅然。

傑是個搞設計的工程師，青是中學畢業班的班導老師，兩人都錯過了戀愛的最佳季節，後來經人介紹而相識。沒有驚天動地的過程，平平淡淡相處，自自然然的結婚。婚後第三天，傑就跑到公司加班，為了趕設計，傑甚至可以徹夜拼命，連續幾天幾夜不回家。青忙於畢業班的管理，經常晚歸。為了各自的事業，他們就像兩個陀螺，在各自的軌道上高速旋轉著。送走了畢業班，清閒了的青開始重新審視自己的生活，審視自己的婚姻，她開始迷茫，不知道自己在傑心裡有多重，更似乎不記得傑說過愛她。一天，青問傑是不是愛她，傑說當然愛，不然怎麼會結婚，青問傑怎麼不說愛，傑說不知道怎麼說。青拿出寫好的離婚協議，傑愣了，說，那我們去旅遊吧，結婚的蜜月我都沒陪你，我虧欠你太多。

他們去了奇峰異石的風景區。飄雨的天氣和他們陰鬱的心情一樣，走在盤旋的山道上，青發現傑總是走在外側，青問傑為什麼，傑說路太滑，怕外側的柵欄不牢，怕青萬一不小心跌倒。青的心忽然感到了溫暖，回家就把那份離婚協議撕掉了。

很多時候，愛是埋在心底的，尤其是婚姻中的愛，平平淡淡，說不出來，但是真實存在。人們可以在風雨中越挫越勇，越愛越堅持，卻無法抵過歲月平靜之後的細雨流沙。如果你捫心自問而無法接受平淡無浪漫的生活，那麼你還是不適合接受一段長久的愛情。天長地久，是屬於平淡的。如細水當長流，如跬步而千里。因為平淡能把握生活的節奏，能寵辱不驚的應對各種波瀾，並把它們轉化為自己的營養，豐滿愛情的本質。其實，在人們

第十章

看不見的波濤洶湧的愛情表面的後面，隱藏的是一顆最平質樸實的心。

無論是出於什麼目的相愛：名譽、信念、愛好、外貌、成就，乃至官銜、金錢；無論愛得更深一些，還是愛得更淺一些——最後的殊途同歸即是平淡的瑣碎，如果你無法認可這一點，即便愛得所向披靡揮金如土，最終都無法走得長久。反之，愛得平淡，這絕不意味著卑微，生生世世總結成一句話，也不過是日出而作、日落而息的輪迴生活。錢鐘書和楊絳兩人偉大的一生過得平凡而深邃、簡單而刻骨；居禮夫人和她的先生亦是如此，沒有風花雪月的短暫，相聚的歲月中超越的卻是愛情裡最晶瑩的永恆。

人們常在情感中淪陷，愛得患得患失，愛得心力交悴，最後卻連珍重都沒有，從此成為陌路，然後用一句命運弄人收尾，多麼可惜可歎！我身邊的許多朋友皆是如此——愛不起的，又放不下，愛得起的，又傷不起。愛情的最初，是不祈求天長地久的。當時以朋友的角色走進，以親人的身分深入，最後是以另一個自己的態度度過漫漫人生，而愛人，這個角色的定義不過是這三個複雜含義的綜合體，若只靠字面去詮釋，註定是傷痕累累。

很多人找不到讓愛情堅強的後盾，或者說，不明白該怎樣維繫，感情才能突破險阻難關，抵達溫暖的彼岸，這也許是個簡單的步驟，卻有著艱難的過程。不求回報只為愛的付出，愛情方能細水長流，否則撒嬌過了頭、倔強過了頭，愛情也就遍體鱗傷到了盡頭。

愛情是什麼?不要驚喜，不要浪漫，只一句淡淡的問候、暖暖的關懷，只要他無論何時何地，都會情不自禁的思念一個人，不圖一時擁有，而是慢條斯理的牽著你的手，不焦不躁的走過每一步足下的路。最初，愛情會給人一生中最玄妙的感覺，最美好的記憶，這是任何親人和其他朋友都無法給予的。正是因為這樣，處在愛情初始階段的人們總是神魂顛倒，或痴或傻。到現在為止，沒有人能對這種現象做出最準確的解釋，但就這樣存在著，在這樣一個充滿了金錢，權利，名利之爭的世界中，讓正在愛著的人們得到片刻的原始與純淨。

當愛情轉化為親情，很多的付出和接受已變成習慣，變得理所應當，甚至有時候已經忘記了感動。可是，愛情到底是什麼呢?在一般人看來，愛情最通俗的解釋應該是：「一對男女，互相喜歡著。」可是喜歡的類型很多，為什麼一對互相喜歡著的男女之間會有海誓山盟，有甜言蜜語，有熱情澎湃，有浪漫情懷，有溫柔體貼呢?

於是，沉浸到這樣一種既真實又虛幻的甜蜜中，享受著莫名其妙的興奮與傷感，憧憬著更加美好而幸福的夢境……就這樣，很多人，陷入這樣的感覺中時，並沒有想到，當時間隨著青春一起走過時，愛情終究會歸於平淡。當平淡的愛情到來時，很多人會失落，會傷感，當回憶起和愛人一起走過的熱情燃燒的歲月時也許會問：「那個曾經和我在夕陽西下時散步的人哪去了？」當愛情歸於平淡，不會天天把愛和想念掛在嘴上，但卻沉澱在心裡；當愛情歸為平淡，簡訊變得越來越短，也越來越家常，但難掩彼此的關心；當愛情歸於平淡，會在對方面前暴露一個最真實的自己，偶爾會有爭吵，但爭吵過後，依然覺得彼此是今生的最愛，是生命中不能缺少的部分。

一路走來，擁有著的共同的回憶。當年輕時那炙熱得像火，驚天動地的愛情歸於平淡，愛情轉化為親情，不再覺得那是對愛情的褻瀆，這樣的愛情，多了一份理解和寬容。當愛情歸於平淡，不再去抱怨，學會享受平淡中的愛情。

享受愛情，享受幸福

感情和眼淚是人類與動物的分界線。在感情世界裡，有同甘共苦、風雨同舟的友情；有烏鴉反哺、羊羔跪乳的親情；還有相濡以沫、纏綿浪漫的愛情。「愛情」是人類的主旋律，是亙古不變的話題。從古到今，上至帝王將相下至布衣平民都在演繹著絢麗奪目、淒美的愛情故事。

古人歎曰：「問世間，情為何物，直教人生死相許。」讓世人為之輾轉反側，為之日思暮想，為之「衣帶漸寬終不悔，為伊消得人憔悴」。也有人認為，愛情是一種莫名的心跳，是一種精神依託，是一把打開心靈的鑰匙。最完美的愛情莫過於陪你慢慢變老，直到你老的哪裡也去不了，你還依然把我當成你手心裡的寶。一如《詩經》中描述的「死生契闊，與子成說；執子之手，與子偕老」。一生牽手相濡以沫。這是最完美、最浪漫的愛情。

愛情是什麼？愛是包容而不是放縱，愛是關懷而不是寵愛，愛是相互交融而不是單相思，愛是百味而不全是甜蜜。真正的愛情並不一定是他人眼中的完美匹配，而是相愛的人彼此心靈的相互契合，是為了讓對方生活得更好而默默奉獻，這份愛不僅溫潤著他們自己，也同樣溫潤著那些世俗的心。真正的愛情，是在能愛的時候，懂得珍惜；真正的愛情，是在無法愛的時候，懂得放手。因為，放手才是擁有了一切……

請在珍惜的時候，好好去愛。真愛是一種從內心發出的關心和照顧，沒有華麗的言語，沒有譁眾取寵的行動，只有在點點滴滴一言一行中你能感受得到，那樣平實那樣堅定。反之，發誓、許諾說明了它的不確定，永遠不要相信甜蜜的話語。用心去感受吧！我們每一個人，也都是從愛之中流出的因數，種在時空的土壤上。所以，我們一旦把根扎在土裡，就註定渴望向上生長，我們靈魂中，註定有圓滿的欲望；我們身心，必然有愛的需求。人要享受愛情，愛情是靈魂滋長的最好營養品，愛情使人的心靈博大、歡悅、高貴。青春到來之前，生命的能量在積聚，而青春便是生命之愛的引擎，愛情是飛翔的翅膀。要飛向神聖的殿堂，愛情是一個必備；沒有它，人只能在塵世的泥垢中摸索掙扎，沒有幸福和光亮！

不懂得享受翅膀賜予生命的自由與幸福，生命會無限悲哀。所以，愛情是靈魂的佳釀，是生命的試驗場，對愛情要有一種極好的心態：享受！但也不要迷戀愛情，愛情只是成就靈魂的方式和路徑，不要本末倒置，也不要拒絕和逃避愛情。因為拒絕愛情，就是拒絕靈魂的生長；逃避愛情，就是關閉生命解放的大門！那麼，享受愛情，把愛情化為你生命中擴展的部分；把愛情的路一直鋪至圓滿和永恆的神性世界。這是精神勞動者的歡樂，也是精神勞動者的酬勞和榮耀！

有人說守候也是一種幸福，但他們沒有真實守候，因為他們在用別樣的情感彌補沒有得到的感情，這不叫守候，是一種懦弱的情感逃避。有的守候則更是一種胡扯，他們實在留戀自己所愛，但是只是留戀，不會堅守。說是說了，不去做，當找到另一個所謂的愛人時就忘記一切了。後來遇到愛情困苦時又想起這份情感，感到一些後悔。守候來自真愛，真愛並非一種對等的愛；也許這份愛只是自己真實，自己永遠不放棄；也許你愛的對象未必就是她或他的真愛，也許是你們兩個人的全部真愛。由於種種原因你們永遠走不到一起！守候是艱辛的、痛苦的、殘酷的，更是一種悲涼。你能堅守，你能承受嗎？

如果我們可以這樣，讓我們去掉如果，走到生活中來，我想我永遠也不會選擇離去，無論身旁的你在與不在。你在我心中就像太陽從東方升起一樣自然，就像人類生存需要呼吸一樣必須。喜歡一個人，也許真的不需要在乎是否能真正擁有，只要你快樂，我願意做你身後最美的風景。不論何時，當你以微笑或疲憊、痛楚回首時，我都回報以寧靜和溫馨。

毫無疑問，她有一雙世界上最令人嘆服的眼睛。她那雙美麗的藍綠色雙眼，就連以異常挑剔而著稱的美國最大娛樂頻道《E！》的一幫泡在美人堆裡的審美專家們，都難以繞過，最近，在評選全球最性感的名人身體部位時，百般篩選，最後還是把世界上最性感眼睛的桂冠乖乖的給了她。她便是印度美女愛絲維婭．雷。此譽，她當之無愧。愛絲維婭以美麗享譽，以勤奮而深受演藝圈同人好評，她的格言是：人生就是一個舞台，我們都是演員，因此扮演好你的角色。且讓我們為愛絲維婭祝福吧。

漂亮是一種魅力，獨立是一種魅力，開朗是一種魅力，浪漫隨性知情識趣也是一種魅力。她們也許不夠漂亮，但定是注意修飾自己注重風度與內心修練的女人，她們愛自己，知道自己要什麼及不要什麼。其實回過頭認真想想，女人總是在埋怨好男人不易找，或許是女人對男人太挑剔吧！婚姻需要兩個人共同維護，柴米油鹽醬醋茶的生活過得太久了之後，再甜蜜的兩個人都會出現各種各樣的矛盾。凡事都讓一讓，用包容的心去對待，用真誠的愛去呵護，你就會享受到婚姻愛情的幸福。

生活中，我們要享受愛情，享受婚姻，享受生活，除了要擺正心態外，你還可以嘗試做以下事情，相信定會給你婚姻生活錦上添花。

第一，再舉辦一次婚禮。第一次婚禮幾年之後，在朋友和孩子面前，再對愛人進行一次承諾。這讓你們的婚姻有了新的活力。你也可以每月寫一份合約，保證對愛人的忠實。這是解決對方嫉妒的機會……

第二，給你的伴侶寫一封信。要爆發衝突了，寫下你的憤怒、悲傷、擔心或遺憾，結尾寫上愛戀的話。然後在信里加上回信，也就是你希望愛人對你說的話。把這兩封信都讀給愛人聽。這樣做能讓你理順自己的感情，進行對話，而不必被憤恨蒙住眼睛。寫出你對另一個性別的偏見，這麼開始寫：「男人（或女人）是……」然後針對每個偏見，找到哪次經歷讓你產生了這個偏見。你的偏見有道理嗎？能不能改變？這樣做可以讓你同自己的偏見保持距離。

第三，每月都舉辦單身族活動，遊戲規則是這樣的：每個參加活動的人帶來一個異性朋友，而這個異性又不是戀人。大家一下認識了很多新朋友，從而跳出以往狹窄的人際小圈子（朋友、同事或鄰居），在新圈子裡建立新的關係。

告別錯的人，才能找到對的人

柏拉圖說：「兩顆心靈很孤獨，彼此需要慰藉，就叫做愛情。」這個說法很實在，在於它很膚淺，從現象到現象，並不溯其本源。佛洛伊德說：「因為原始的性本能、性衝動，人們必須反反覆覆的重演亞當和夏娃的原罪，這樣就有了愛情。」這個說法也有理，卻難於為嚮往崇高的人類心靈所接受，也許對於愛情，最模糊的解釋才是合理的。

有人說，幸福是最簡單的加減法，有些東西往生活裡加了之後，帶來的如果只是痛苦和煩惱，那就說明加錯了，應該減掉。其實愛情也如此，兩個人在一起，如果加到的不是開心、信任、甜蜜，而只有爭吵、猜疑、痛苦。那也說明，這兩個人加在一起是錯的，應該減掉、放棄。多麼簡單的道理，將生活中的痛苦減掉、放棄！可在感情世界裡，又有多少人面對自己苦苦付出的一切，能夠做到瀟灑的放棄呢？被迫接受分手的人，總是執著一份冷卻的感情不肯放棄，他們總會因為有一種被拋棄的感覺而做出許多不理智的行為。

一個女孩和前男友交往兩年，因為畢業後遇到高中同班同學，舊情復燃，發現老同學比舊情人投緣，決心要離開舊情人。舊情人選擇的挽回方式很通俗，也很錯誤，他到女孩工作的公司大鬧，還投書給女孩的爸爸、朋友，指責女孩用情不專。女孩說：「我本來對他還蠻內疚的，但經過他這麼一鬧，兩年來的感情煙消雲散，加強了我離開他的決心，誰都擋不住！」其實本來她也不太確定，新男友是否就比原男友要好，但這一鬧下來就有比較了，她硬起心腸對付舊男友，投入新男友的懷抱。如果你好心的問候，已經被誤解為騷擾，為什麼還要自取其辱呢？被動罷手者，誰真正甘心？但不甘心又如何呢？雖然不想接受分手的現實，但當愛情結束時，為何還要死死握著那份冰冷僵硬的感情不肯放手呢？世間的痴情男女，如果真的還想等對方回來，也別把自己的形象搞臭，為他和自己，都留一點餘地吧！

有的人失戀了，不是糾纏對方，而是折磨自己，甚至走上不歸路，為愛輕生，一方面是失去依靠，自認為沒有辦法獨自面對以後的人生；另一方面是內心的憤怒和痛苦，在找不到出路的情況下，最後選擇結束生命作為解脫。然而，許多因為失去所愛而自殺的人其實並不是真的想死，大部分是想讓對方產生內疚感、罪惡感，或一輩子活在不安當中。

許多人企圖用「自殺」來挽留變心的伴侶。有一個女孩為情所困，因自殺未遂而住院，那時男友每天寸步不離的陪在她身邊。然而在她情況穩定，醫生告知可以出院的當天，男友不告而別，並且搬了家、換了手機，也離開了原來的公司。

任何一個善良的人都不會面對著一條脆弱的生命置之不理；但任何一個神智清醒的人，都不敢對一個以自殺來挽留愛情的伴侶，發出天長地久的誓言。自殺也許可以是一時的緩兵之計，但最多也只能暫時留住對方的腳步。博取同情的結果，並不能為自己帶來真愛，一旦對方認為狀況已經比較安全之後，他仍然會選擇離去。儘管愛情的定義會隨著每個人的經歷而改變，但是，所有的愛情都不可能是圓滿的。不愛的理由有很多，不一定是因為你做錯了什麼，或許，你什麼也沒做，又或許，你做得太多。不愛，並不一定就是背叛。人每天都在變，對方在變，自己也在變，不經意間兩人已不在同一條路上了。有的時候只是感覺變了，沒有理由，再多分析也無濟於事。

宋代詩人陸游對唐婉的愛是真摯的，在唐婉死後的四十多年裡，陸游仍對她念念不忘，可是如此真摯的愛情，面對抉擇時依然被放棄，在陸游母親的反對下，陸遊放棄了與唐婉的愛情。《奮鬥》中徐志森對前妻的愛是刻骨銘心的，但是在事業與妻子的選擇中，他選擇了事業，離開妻子去了美國。無論晚年他們是如何的在遺憾中度過，但當初愛情都是他們的犧牲品。

有人為了金錢放棄愛情，有人因為親情放棄愛情，也有人因為無法放棄原有的生活而放棄愛情，更有人為了友情而放棄愛情，愛情在時時刻刻被放棄。但是還是有人說執著的愛情，忠貞的愛情。人的一生面對無數次的選擇，而第一個有可能被放棄的就是愛情，愛情如何不善變，有人還埋怨愛情的短暫，在無數次的選擇中，愛情又如何長久，長久的愛情是在無數種條件下持久。當愛情不會碰撞到事業、友情、親情、原本的生活、經濟基礎，這一切不會有太大的改變下愛情才不會被放棄。所以當我們選擇愛人時，也許選擇的並不是真愛，而是合適的對象，他（她）不會讓你的生活變化太大，這就是「愛情」的選擇。當一個人的生命列車要轉軌時，身旁的伴侶未必能夠並肩而行，此時，應該謝謝對方，陪你走了一段生命之旅。要懂得去珍惜每一個陪你走過一段路的人。能夠平和的分手，也代表了一種具有智慧的選擇。

一個人的內心若缺乏自省的能力和自信心，只憑一股愚勇，不但會毀了別人，也會耽誤了自己。當愛情不再時，就讓它隨風去吧。無論他的行為是否正確，無論他將來是否會後悔，你都不必對他的決定負責，更沒有必要對他進行指責。因為當愛不再時，你們已經形同路人。分手當時，固然傷心，但不必把分手看成世界末日。兩個人因誤會而結合，因了解而分開，反而是一件好事。即使有一方是被迫分手，至少可以早一點知道事情的真相，總比日後才後悔莫及要好得多。

不是每一份愛情都能夠海枯石爛。分手也可能是一種新的契機。當兩個人選擇各奔東西時，若能放開心胸，去重新認識自己或者別人，未嘗不是一件好事。分手也許不快樂，但也不至於尋死覓活，何苦來哉！失去，不一定不再擁有；得到，也不一定是最好的。該放手時就放手，讓對方自由，也讓自己自由。

愛別人先愛自己

每個人都渴望得到愛情，獲得真愛。但是如何去愛，很多人嘴上說得頭頭是道，言行舉止卻證明他還未成熟。愛一個人，就要先從愛自己開始。當然，不是自私的愛，而是關注自己的健康，填充自己的智慧，提高自己的言行舉止，增強自己的實踐能力。一個不愛惜自己身體的人，又怎能去愛你，照顧你。身體是本錢，健康都丟了，拿什麼和你長相廝守。

勇於跨過相思谷，勇敢去追求自己的幸福，要以不卑不亢為前提。沒有心靈的共鳴和感情的默契，愛情就失去了根基。任何事都是過猶不及，在求愛的過程中為了討好對方而自輕自賤，不但得不到愛情，反而會連自己都失去了。

有個男孩愛上一個女孩，他決心向女孩求婚，而且百折不撓，直到勝利，否則絕不甘休。第一次求婚，女孩拒絕了。其實女孩是為了試探他是否真心，也為了自己的矜持。而男孩卻哭了。男孩的眼淚讓女孩突然感到很失望。女孩說：「你這麼脆弱，這麼不愛惜一個男人的堅強形象，我怎麼敢嫁給你呢？」男孩沒有動搖愛戀，於是有了一年後的第二次求婚。這時他已「戒掉」了眼淚，變得很堅強。女孩出於謹慎，又拒絕了他。誰知男孩「撲通」一聲跪在她面前，苦苦哀求。女孩更加失望。她說：「人生不知有多少比愛情更難征服的困難在等著你，你打算一輩子跪著做人嗎?你這麼不愛惜自己的尊嚴，我怎麼能嫁給你呢?」男孩仍然不死心，於是又有了一年後的第三次求婚。這時他的性格已像鋼鐵一般堅定，隱隱柔情藏匿在俠骨之中。女孩為了作最後的考驗，又拒絕了他。不料男孩騰地從懷裡掏出一把匕首，寒光一閃，他的一根手指已經離開了身體，血流汩汩浸潤著男孩絕望的咆哮：「你答不答應。」女孩徹底失望了，她對男孩說：「我花三年時間啟發你，卻仍然沒能讓你真正懂得愛情，你連自己的形象、尊嚴、身體都不愛，還會愛我嗎?」

自輕自賤，是對愛情的最大褻瀆。一個真正懂得愛情真諦的人，是不會愛上一個自賤者的。生命誠可貴，愛情價更高。不可否認，愛情需要犧牲精神，為了追求愛情可以失去一些面子，甚至可以付出自己的生命。但是，愛情中的犧牲精神，是高尚人格的展現和對愛的虔誠的一種高貴的奉獻，與自貶自虐自我作賤迥異。在愛情裡，兩個人是平等的，付出感情的理由只有一個，就是真正有愛。

愛情是人格平等基礎上的兩情相悅，而不是一方降低人格取媚於另一方，那樣的人即使為她（他）所愛的人而如此，也得不到所愛者的尊重。要獲得真愛，就得站起來，穿過所有的障礙和鴻溝，穿過世俗的目光，站在你所愛的人面前，以靈魂深處的聲音與他平等對話。唯有如此，才能獲得真愛和尊重。所以，愛一個人，你首先必須愛自己。一個連自己都不懂珍惜和關愛的人是沒有資格去愛別人的。當然，在更多時候，是愛情使人迷失自我。

有一個溫柔美麗的女孩，經營著一家鮮花店，生活平淡卻舒適。更重要的是她喜歡這份美麗的事業，日子過得很快樂。然而當她陷入愛情之後，一切都變了。她的男朋友是一家服裝公司的老闆，手中已有上百萬的資產。他們相愛一年多時間，她對男朋友異常遷就，「溫柔」得簡直像一個日本奴僕。後來，他們結婚了，婚後她什麼都聽從丈夫的，同時賣掉花店做起了全職太太，每天為他洗衣做飯。有時丈夫工作不順心，回到家裡就向她發火，或打或罵，她一聲不吭。時間久了，就成了一種習慣。她以為這樣丈夫就會對她好一輩子。然而，結婚不到兩年的她，還是無奈離婚了。離婚是她丈夫提出來的，原因是，她太沒有自我了。太愛一個人，會被他牽著鼻子走，動輒方寸大亂，如被魔杖點中，完全失去自我。從此，便沒有了自己的思想，沒有了自己的喜怒哀樂，甚至連脾氣和自尊都沒有了。

如果一味無原則的容忍對方，慢慢的他就會習慣於這種縱容，無視你的付出，甚至會覺得你很煩，沒有個性，開始輕視、怠慢、不尊重你。這無異於一支蠟燭，奮不顧身的燃燒，只為求得一時的光和熱，待蠟燃盡，你就什麼都沒有了。同時，他會習慣於你的種種付出而忘了自己也該給予，忘了你同樣需要得到同等的回報——他完全被寵壞了。當愛變成一種縱容和順從，人便找不到自我。

所以，愛一個人要從愛自己開始，懂得怎麼讓自己活得好一些，才會懂得讓你愛的人也活得好。永遠不要將所有的一切都盲目投入愛中。你的愛，一半獻給愛人，一半留給自己。不管是男人還是女人，都要拿一點愛給自己。不要愛一個人愛得渾然忘卻自我。愛到忘卻自我的人，往往可能成為別人的負擔，給別人造成壓抑。因為愛也意味著責任，對自己尚且不那麼負責，又怎能承擔起對別人的責任？

生活並不只是為了愛，而愛卻是為了更好生活。學會愛自己，才懂得去愛別人。幸福的圓是由兩個半圓拼成的，如果我們把所有的愛都給了對方，幸福的圓永遠會缺失一半。所以，我們的愛，一半留給自己，另一半給對方。

學會愛自己，首先要不斷擴充自己的學識。在這個日新月異的時代，知識的力量是無窮的。知識開拓我們的眼界和思維，我們要隨時代一同進步和發展。沒有知識，就像行尸走肉。沒有智慧的愛，是庸俗的。愛，不是那麼輕易說出口的話。茫茫人海遇見他，從相識到相知，由相知到相愛，是命運的安排，是緣分。既然愛了，就要有一種責任感，要讓對方幸福，就要不斷的努力奮鬥，為了美好的明天。如果是真愛，相信誰都會為了幸福的明天而努力，只求天長地久，而非短暫的瞬間。學會愛，並不是件容易的事情，要從點點滴滴提高自己。愛對方更要懂得先愛自己。

欣賞他，鼓勵他

一些丈夫和妻子總是吵架，丈夫經常當著人抱怨自己的妻子很笨，連家務事都做不好，怎麼找了你這樣的女人。妻子埋怨丈夫沒本事，誰誰都比你混的強，後悔找了這樣的丈夫。久而久之，雙方都感到失望，嫁錯了人，找錯了老婆，甚至出現婚姻危機。有時候，兩個人的口頭禪就是：「離婚！」、「離就離！」

有的夫妻覺得結婚日久，已沒有必要和興趣去特別留意對方，由於天天生活在一起，雙方卻發現不了相互的優點，而是發現對方的缺點越來越多，相互指責對方也會越來越多。不滿變成了抱怨，抱怨變成了批評，批評變成了吵架。這樣久而久之，雙方就感到陌生疏遠了，婚姻生活越來越寡淡無味。都認為對方的付出為理所當然、天經地義，只知道相互指責、互相挑剔而不知道欣賞。夫妻之間的感情變的淡薄，甚至把昔日的愛演變成互相看不起，都認為自己找錯了對方。丈夫說話口無遮攔，喜歡貶低對方，看不起對方，來抬高自己，認為自己很強，什麼都比對方強，來傷害對方。妻子在他面前讚賞另一個男人的成就時，男人會覺得你是在說他不如別人，這往往會使男人的自尊心受到傷害。

結婚後夫妻更要相互包容，學會發現和欣賞對方的長處，要善於讚美對方的優點，善於發現對方的「特質」調動對方的積極性，會在思想上逐漸引導對方向著好的方向發展，會增加相互的理解和信任，會密切雙方的感情。夫妻是相親相愛的人，從來都不是仇人。在責備對方的時候，切記別忘了表揚。讚揚是為了讓她找到心理平衡點，並找到改正的動力，使她感受到你對她的重視，從而鞏固你們的婚姻。一句溫馨的話語、一個體貼的動作都會使對方體會到溫暖和安慰。經常給點鼓勵，以表達你的愛心，久而久之雙方的感情會不斷加深。如果一年到頭都聽不到另一半對自己的一句讚美，總是埋怨，心裡會不舒服。要學會相互體貼，相互照顧，相互關心。身體好的一方，要多照顧身體差的。工作清閒的一方，要多做點家務，當遇到衝突時，一定要耐心，避免用傷害性的語言爭吵，更不能大動干戈。

常聽到這種說法，沒有不吵架的夫妻。可在生活中真的有不吵架的夫妻，之所以不爭吵，不是冷漠代替了熱情，而是雙方已懂得了妥協，學會了從容，體會到真愛皆透明也最易碎。當我們不再為不相干的人和事生氣，也就日漸成熟平和，不再會不計後果傷害最愛自己的人，也就日漸豐盈淡定。對丈夫和妻子惡語相加其實才是最愚蠢的一件事，已經愛了很多年，如果現在的你美麗而幸福，那另一半首先功不可沒，一旦離開這個人，你或許馬上就什麼也不是了。很多婚姻並沒有缺憾，缺憾的是你沒有欣賞婚姻的心態和眼睛。生活不缺少美，缺少的是發現。學會讚美對方，可以使夫妻在讚美中化解矛盾，在讚美中昇華愛情，在讚美中保持婚姻的永恆。如果你想得到一個陽光自信、充滿熱情的另一半，與其苦心尋找，不如依靠自己親手打造。透過自己傳輸給他正面能量，用語言、表情、肢體語言為他建立自信，激發他的潛能，給他愛的鼓勵、尊重和支持，培養一個積極自信的優秀男人。心理學認為，有四種方法可以激發男人自尊。

第一，用充滿意外的言語來表揚他。如果外表看起來是肌肉男，那麼肯定經常會被一些「真強壯啊」等讚美之詞包圍，對於他們來說這些詞彙早已經十分麻木，沒有什麼新鮮感以及滿足感了。如果你也用千篇一律的詞彙，相信很快你就會被他淡忘，不可能引起他的任何注意。對於這樣的男人如果稱讚他「沒想到你也有這麼溫柔的一面」等對立性的事物，對於他來說是一個新的體驗，很容易就會把目光投向你。比如說一個外表很柔弱的男生，柔弱可能就是他的自卑所在，如果相處的過程中，做出了一些很果斷的事情，你要把握時機的來表揚他「其實也挺男人呀」等。得到女人這樣的誇獎，男人首先感覺到前所未有的刺激以及自尊心極大的滿足。你在他的腦海裡就會留下深刻的烙印。

第二，把他和他所崇拜的人放在一起比較。如果稱讚男人像他所崇拜的人，那麼他應該會心花怒放吧。比如說如果他所崇拜的人是蘋果公司的賈伯斯，你就可以用以下的話來稱讚他：「對了，我覺得你現在的生活方式很像當年奮鬥時期的賈伯斯。」等，百分之百能搔到他的癢處。自己所崇拜的人，換種說法也就是自己想變成的人。那個人的生存方式就是自己的範本，指導著自己的想法行動。如果這樣稱讚，男人就會不斷湧出自信心與滿足感，感到別人認可了自己的努力，不停回味那種成就感。

第三，傳達別人的讚揚之詞。男人很在乎周圍人的評價。如果聽到周圍人的尊敬和信賴的話語，會非常高興。透過讚美之聲自己的自信心也會不斷增強，從而使自己變得更加精益求精。所以你如果聽到周圍人對他的稱讚，一定要如數的告訴他，並不是說讓你誇大，男人是需要經常鼓勵的。「大家都說你很帥」「他們聽了你的事情，都覺得你很厲害，很能幹」等來自周圍人的評價，對男人的成長促進有著不可小覷的力量。

第四，在男人遇到失敗的時候也不要忘記稱讚話語。也許你不解為什麼要在他失敗的時候去讚美，這簡直是自討沒趣。其實不然，這個時候正是他心理防線薄弱的時候，他希望有人能肯定他之前的努力，即使是失敗了，也渴望得到哪怕一點小小的認同。

在他最失望無助的時候，一定要反覆告訴他，他之前做的事情雖然沒有收到預期的成效，但是畢竟已經努力過，就是值得人尊重的，在追求夢想的道路上沒有人會走的順順利利。

所以，適時去進行鼓勵性的表揚，讓你的另一半在低落的時候可以依賴你，當這種依賴成為慣性，他就真的再也離不開你啦！任何對手也鑽不了漏洞，毀掉你們的愛情。

面對婚變一定要冷靜

「出軌」和「外遇」是婚姻出現頻率較多的詞彙，也是有些人的真實經歷或是親身遭遇。這兩個詞說的是一回事。都是婚姻中的一方，在生活裡另有「新歡」，給婚姻家庭帶來不和諧的行為。無論是男是女，都會給對方造成很大的傷害。遇上了這種事兒，還真是夠煩悶的。誰的心靈能夠經得起這樣的蹂躪呢？

俗話說：「寧拆十座廟，不拆一樁婚。」這話說的不錯。人生並不長，關鍵時刻就那麼幾次，不要輕言放棄婚姻，哪怕僅僅為了守住愛的意念，也要奮不顧身，赴湯蹈火。但有一種情況例外，那就是當你的另一半因為有第三者突然向你提出分手的時候，那就接受這樣一個殘酷的事實吧！這就像我們無法迴避長大一樣，我們也無法迴避失戀，它也是人生的一種常態。有人說，一夫一妻制不是為人類，而是為天使設立的。男人不是天使，很多男人擋不住誘惑，會在精神上、肉體上出軌。而當女人發現自己最最信賴的男人出軌，無一不對愛情的脆弱和不堪一擊感到震驚，驚訝自己對身邊這位曾經親密無間、纏綿悱惻的男人一點都不了解。她們希望一切都能夠回到從前，但當所有的希望破滅時，很多女人或對男人仇視怨恨，或對自己全盤否定，不再相信愛情的忠誠，不再相信愛情的天長地久。生活有它現實，殘酷，無奈的一面。現在，不管你願不願意喜不喜歡，必須面對分手的打擊。不論是誰，遇到出軌都是一件挺惱火的事。人有時看上去似乎很堅強，其實內心對家、對丈夫或是對妻子，是有很強的依賴性的。這個曾經給他或她溫馨的港灣，怎麼會掀起風浪呢？幾乎所有的人，開始都是不相信，或是猜疑直到最後在事實面前確信。這個過程中，你的感情伴隨著內心的痛苦、行為的憤怒以及對他的遷怒。情急之下，還可能做出不冷靜的事情來。這個時候，人也是很難靜下心來的。這是一種心裡的煎熬，你對他的言行已經不再相信，所有的錯誤都歸罪於對方。這時，你認為自己有充分的權利斥責怒罵他，報復傷害他甚至可以攆他出去。你要全力保衛自己已經受傷的心，做出戰鬥的姿態。這時，婚姻就像一場戰役，家庭就像一個戰場。

一個聰明的妻子或丈夫應該作出更為理性的選擇，首先她會冷靜。作為妻子，要冷靜下來。難以接受的事實擺在面前，痛苦、絕望是必然的，但冷靜是最強大的武器。丈夫的錯是嚴重的，這毫無疑問。既然理在己方，且你又不想得到家庭分裂的結果，就不要採取經典的一哭，二鬧，三上吊的做法。分居獨處，壓下惱火，讓你的各項生理特徵趨於正常，才能讓你正確合理進行下一步思考，並作出正確的判斷和選擇。其次是思考。這是最關鍵的步驟之一。做妻子的要思考的重要問題就是：是什麼原因導致丈夫出軌的？最好從自身出發思考，便於對症下藥，採取合理的挽救措施。

憤怒的心情是可以理解的，偏激的行為則大可不必。那麼，受到傷害的一方要怎麼辦？你知道你的情緒說明了什麼嗎，說明一個重要的問題：那就是你還想著他愛著他或她，而你的行為卻讓人感到你是厭惡他的。當你控制不了自己情緒的時候，你可以試著分居數日，這幾天他不會跑到別人的床上去。人都是有思想的，也會默默自我反思。給他安靜思考的時間，同時也想想自身的原因，比如雙方的個性、習慣、愛好等。是不是一些原因兩個人都心裡明白，只是沒有說出口，或者是因為害羞，尤其女性是羞於說出口的。

此外，還要認真考慮有外遇一方婚外情的程度，看到底是異性朋友之間的友誼還是一種戀情。還要想想自身和配偶相親相愛的經歷，看兩人的情愛究竟有多大的分量，看你們的愛到底有多深。看什麼能夠代表你的心，就像武打一樣，找出他的軟肋和薄弱點。經過這樣的考慮，再作出自己的選擇和最終的決定。如果你是積極的心態，那你就趕緊時間，抓住機遇，趕快表明自己仍然愛他和需要他。告訴他，在你的生活裡包括自尊都沒有婚姻重要，也不可能和家庭與孩子的重要性相比。再次給他一個機會，讓他回心轉意改變自己，盡快消除誤會與隔閡。用你理性的火焰點燃愛的火炬，使夫妻言歸於好，重新擁抱相聚。

如果你是消極的心態，你不妨寄希望於他。希望什麼呢？希望他向你道歉並懺悔，求得你的寬容與諒解。但是你必須要等待，並不時的安慰自己，用想像的未來的美好給自己壯膽。也可以說些「看你後悔不？」這樣的話，鼓勵自己，但是這樣也可能使你感到生活的艱難，生命似乎失去了意義。

從婚姻家庭的角度考慮，沒有哪個家庭、哪段婚姻是永遠沒有問題的，但如果出現了這樣的問題，作為妻子的你該怎麼選擇呢？在這個已經不再相信海枯石爛的時代裡，或許你覺得沒有什麼可以相信，沒有什麼是絕對可靠。在自己丈夫背叛了自己以後，自己是該離婚還是該再給他一次機會，會讓你左右為難，在這樣的時刻，你要根據實際情況冷靜加以考慮，通常需要做以下幾點分析：

第一，男人只想出軌，不想離婚。職場中，男人難免要應酬，不少男人會逢場作戲，出軌也在所難免，有一些男人其實並不願意背叛妻子背叛家庭。在出軌以後，他們內心也十分的自責。看著別人出軌好像很風流快活，可是真正到自己出軌了，一切卻不像想像中那般美好。因此也有不少男人出軌後後悔莫及，他們不願意再犯。這部分男人的妻子，在不經意間知道了丈夫出軌的事實後，便大發雷霆，使本來可以小事化無的事情瞬間升級，無可化解。

第二，心存虧欠的男人。男人在誘惑面前不小心出軌了，可是他們並不是不愛妻子不愛家庭了，對家庭對愛人他們心存虧欠。對這部分男人來說，婚姻是一種禁錮，他們希望自由，追求自由自在無拘無束的生活，總是要求另一半給他自由。這個時候，家人的提醒顯得尤為重要。如果你提示他這樣子會讓你很痛苦，也會對家庭不利，那麼他們就會變得乖乖的，對這部分男人來說，是值得挽回的。其實不是每個男人都是自己單方面想要出軌的，或許只是一次意外，可是慢慢的就會由意外演變成習慣。男人在被老婆發現出軌以後大部分都是悔恨不已，想要挽回的。不能說所有的出軌男都是沒有良心的，這是兩個人的責任，不能總是把問題推到他的身上。如果丈夫真的能夠真心悔改的話，最好給他一次機會，這樣他會更加珍惜自己的婚姻生活。

第三，在出軌男人面前需冷靜。在知道自己愛人出軌以後，絕大部分女人會抑制不住內心的衝動與憤怒，她們會哭哭啼啼、咆哮、大動干戈，更有甚者要離婚，再不見這個背叛者。可試想，你的不冷靜，你的執意離婚不正是給了「小三」一個轉正的機會嗎？面對出軌男人，女人一定要冷靜。多製造一些小驚喜，讓平淡的生活不再乏味，相信婚姻生活會更美滿。

第十一章

我們手裡的金錢是保持自由的一種工具。

——盧梭

（法國哲學家、思想家、教育家、文學家。法國大革命的思想先驅，啟蒙運動最卓越的代表人物之一。主要著作有《論人類不平等的起源和基礎》、《社會契約論》、《愛彌兒》、《懺悔錄》等。）

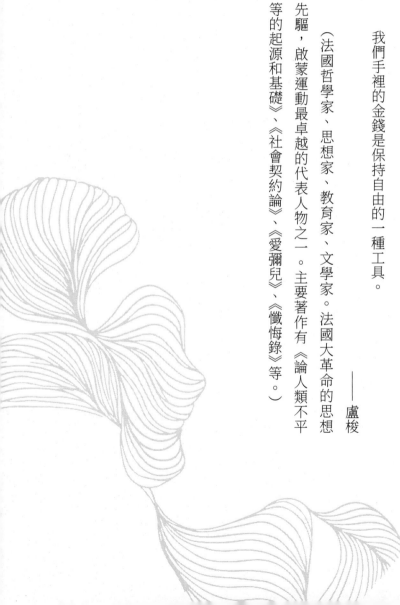

第十一章

能賺錢的人都是愛工作的人

一個對工作熱忱的人，不論是在搬磚，還是經營一個企業，都會認為自己的工作是一項神聖的天職，並懷著深切的興趣；對工作熱忱的人，不論工作有多麼困難，或需要多麼艱苦的訓練，始終會用不急不躁的態度去達到目標。

態度是對待一件事情的根本環節。或許一個人的技藝不夠純熟，只要態度熱忱、認真、端正，技藝就能夠在大量的勞動中得到鍛鍊。賺錢的技能也是如此。正如比爾·蓋茲在電視訪問中所說的，當他被問及如何才能使事業成功時，他回答道：「我深切的認為，一個人的經驗越多，對事業就越認真，這是一般人容易忽略的成功祕訣。成功者和失敗者的聰明才智，相差並不大。如果兩者實力半斤八兩的話，對工作較富熱忱的人，一定比較容易成功。一個不具實力而富熱忱的人，和一個雖具實力但不熱忱的人相比，前者的成功也多半會勝過後者。」愛默生也說過同樣的話：「有史以來，沒有任何一項偉大的事業不是因為熱忱而成功的。」事實上，這不是一段單純而美麗的話語，而是邁向成功之路的指導。因此，對工作熱忱，是一切希望成功的人——像創造傑作的藝術家、賣肥皂的人、圖書館的管理員以及追求家庭幸福的人必須具備的條件。當然，它也是積聚財富的一個關鍵性因素。

熱忱這個字眼，源自希臘語，意思是「受了神的啟示」。對工作熱忱的人，具有無限的力量。威廉．費爾波是耶魯最著名而且最受歡迎的教授之一。他在那本極富啟示性的《工作的興奮》中，如此寫道：「對我來說，教書凌駕於一切技術或職業之上。如果有熱忱這回事，這就是熱忱了。我愛好教書，正如畫家愛好繪畫，歌手愛好唱歌，詩人愛好寫詩一樣。每天起床之前，我就興奮想著有關學生的事……人在一生中之所以能夠成功，最重要的因素就是對自己每天的工作抱著熱忱的態度。」同樣的道理，無論是什麼樣的老闆，都知道雇用熱忱者的重要，也知道這種人難以物色。比爾．蓋茲說過：「我喜歡具有熱忱的員工。員工熱忱，就會使顧客熱忱起來，於是生意就做成了。」當然，我們也不能對此一概而論，籠統的說只要熱忱就能做好工作。譬如：一個對音樂毫無才氣的人，不論如何熱忱和努力，都不可能變成一位音樂界的名人。話說回來，凡是具有必需的才氣，有著可能實現的目標，並且具有極大熱忱的人，做任何事都會有所收穫，不論物質上或精神上都是一樣。

需要高度技術的專業工作，更需要這種熱忱。比爾．蓋茲曾說過：「我認為，一個人想在科學研究上有所成就的話，熱忱的態度遠比專業知識來得重要。」這句話如果出自普通人之口，可能會被認為是外行話，但出自比爾．蓋茲這種權威性的人物之口，意義就很深長了。

不論一個員工的能力有多強，如果他缺乏熱忱，他就不會努力工作，那他的能力和學識就得不到最大限度的發揮。隨著形勢的發展，員工在工作中遇到的困難和挑戰將越來越多，只有那些對工作充滿熱忱，具備積極主動精神的員工，才會產生堅持的動力和努力尋求解決方案。現在的「七年級」和「八年級」都追求「快樂工作」。白領工作要快樂，但對「快樂」要有正確的理解。工作與享樂有著本質的區別，工作是「承擔責任的快樂」，而享樂是「不承擔責任的快樂」，所以，這兩者不能混淆，不能抱著享樂的態度來工作。

工作本身充滿了挑戰和困難，要想戰勝這些挑戰和困難，就需要有足夠的熱忱，沒有必勝的信念是很難做到的，成功靠的是堅持到底的信念。透過一次又一次的戰勝挑戰和困難，成就感就會自然而然產生，工作也就快樂了。也就是說，工作的樂趣在於克服困難後得到的滿足感。所以，工作是否快樂，關鍵看你對自己的工作是否有足夠的熱忱。

很多人在接受上司分配工作時，一看給自己分配了一件有難度的工作，或者同時讓自己做好幾件工作，就馬上產生畏難情緒：「我能完成這項工作嗎？」或「這麼多工作我怎麼可能同時做好？」與其猶豫不決，還不如先嘗試著做做看，與其找各種各樣的理由和藉口，還不如多下點工夫考慮考慮實施方案。對於現代白領來說，這種勇於挑戰的精神是一筆寶貴的無形資產。有些新的工作確實容易讓人產生畏難情緒，它們就像塊巨石擋在路上。但是，你至少應該去試著搬一搬，也許它並不像想像中的那麼沉重。實在搬不動，還可以借助其他工具。總之，如果不親自嘗試一下，就不會知道自己到底行不行。即使嘗試後失敗了，也不會後悔。遭遇失敗後獲得的經驗和教訓，對日後的工作會大有裨益。現代白領不能對自己的能力設限。當上司給你分配任務的時候，你要欣然接受，把它當做挑戰。即使挑戰未能成功也無須垂頭喪氣，因為這並不意味著你辜負了上司的期望。如果不戰自敗，那只能讓上司失望。

一般來說，上司在分配工作時都會考慮部下的能力，不會將大大超過部下能力的工作分配給部下，而只是將略微高於部下能力的工作分配給部下。如果部下只做自己力所能及的工作，那無論做多久，他都不會進步。只有不斷挑戰高於自己現有能力的工作，我們才會在鍛鍊中得到進步。除極個別上司，一般的上司在分配任務時都會考慮到部下的能力，因此，作為部下要以積極主動的心態來接受上司分配的工作。

企業最大的資本在於員工的知識、創意以及熱忱。但是，在一個企業中，不論你有多少知識和創意，如果沒有熱忱，那還是等於紙上談兵、一事無成。沒有人願意跟一個整天無精打采的人打交道，更沒有哪個企業願意雇用一個毫無工作熱忱的員工。但是，如果一個人知識水準一般，才能也比較平庸，但是卻有滿腔的工作熱忱，願意努力奮鬥，所謂「勤能補拙」，他就一定可以做出很好的業績。

所以，如果你想在工作中取得成功，首先點燃自己的熱忱，不論在哪個行業，從事何種職業，都要滿懷熱忱，那些願意對眼前工作傾注全部熱忱和精力的人，無論遇到什麼困難，需要付出多大的努力，都會用心去完成。這樣熱忱的態度，就是他們縱橫職場、取得成功的資本。

生活是壓力也是動力

現實生活之中，誰也逃脫不了壓力的困擾。欲成大事者，因其目標高遠，壓力可能會更大。能承受這種壓力，並把壓力當成人生動力的人才能達成所願。年輕人要想在事業上有良好的開端，必須首先面對競爭壓力的考驗。因為這是一個競爭的社會，有競爭就有壓力，無論在競爭中獲得成功還是遭受失敗，人人都要承受壓力。這就是說，承受壓力最能反映個人做事能力的強弱，可以把這種成功之道歸結為：「壓力推動法」。

大家都知道海倫·凱勒的故事，當她一歲時，因生病雙目失明，且又聾又啞。看不見、聽不見的海倫·凱勒動不動就發脾氣，為了讓她開心，家裡給她請來很有耐心的家庭教師，之後她成長為作家。她的事蹟讓成百上千的人為之感動。可以說，當把失明當做壓力時，她痛苦、憂愁，不能面對生活；當把壓力化作動力時，她的生活就有了意義。

有競爭就有壓力，有壓力就要善於把壓力轉化為動力。當今世界競爭的激烈程度與日俱增，無論是個人還是企業，只有不斷學習，開拓進取，才能在競爭中生存、發展。

因此，面對壓力，與其一味退縮、逃避，還不如勇敢面對，並把它化作前進的動力。這樣，我們就能獲得更多的力量去克服工作中的困難，從而完成那些看似無法完成的任務。所以，當你的銷售計畫得不到上司的支持時，你要做的不是放棄或抱怨，而是重新去做市場調查，去收集各方面的資訊，去認真分析競爭對手，做到知彼知己。當你把一份完美的、有可行性的計畫交給上司時，他會用讚美的語氣說：「做得好！小夥子。」當同事不配合你，以致耽誤了工作進度時，你要做的不是與他們斤斤計較或是報復，而是要先反省自己，檢討自己在合作項目上是不是表現得不夠好，是不是疏於和他們溝通。

有比較就會有壓力，有壓力就要轉化為動力。俗話說得好，天外有天，人外有人。在比較中，我們總能找到不足，找到差距，有差距就會帶來壓力。在面對這種差距帶來的壓力時，我們要敢於正視差距，敢於與同行先進比，不能害怕、不要退縮，要看到差距帶給我們的是發展進步的空間，看到自身發展的潛力，從而將消極因素轉化成積極因素，把壓力轉化成動力。就像我們的一些技術經濟指標，與同行先進比，存在差距。看到這種差距之後，我們要善於化壓力為動力，制定追趕目標。對於我們個人而言，也是如此。要敢於向先進工作者看齊，主動加壓，找到自身差距和不足，敢於面對挑戰，克服困難，積極主動改進工作中的不足，負責任的對待每一件事，完成好本職工作。

「其實有壓力並不一定是壞事，關鍵是我們怎麼看待壓力。通常來說，適當的壓力會轉化為動力。」加拿大醫學教授賽勒說：「壓力是人生的燃料。」因此我們每一個人都應該正確的看待來自生活、工作等各方各面的壓力，善於把壓力轉換成激勵我們不斷進取的「燃料」，我們就會有所收穫、有所進步。

堅定的內心是走向成功的第一步

要改善你的經濟狀況，要成為富人，就必須有一種迫切的渴望，渴望像富人一樣能獲得財富，這必須成為你生活的全部。

每個人的潛能都是巨大的，它源於自己的內心。然而我們卻常常因為自己的固執偏見，給心靈縛上了枷鎖，從而把自己束縛住了。只要擺脫心靈的束縛，有堅定的信念「別人可以致富，我為什麼不可以致富呢」，就可以開拓財富人生的新境界。許多富人都出身貧寒，經歷過困苦的少年生活，他們為自己低下的社會地位感到屈辱，渴望像富有的人一樣擁有財富。正是這種強烈的渴望和倔強的性格，促使他們走上了為富裕而奮鬥的道路。

他們不為現狀所屈服，不為挫折所打倒，最終獲得令人可觀的財富。如果你對自己目前的狀況並不是很滿意，就沒有必要為自己的不滿意感到羞愧，相反，這種不滿可以轉化為激勵。別人能做到的，你照樣能做到！這個世界上，只有低能的人或聖人才會在任何情況下都會是完全幸福的，因為我們凡夫還沒有達到這種「圓滿」的境界，所以我們不該害怕公開討論自己的不滿，渴望更好的狀況是完全合理的。那些富人們致富的實踐是你需要借鑑的寶典。所以，要堅信自己能像富人一樣擁有財富，這樣你便開始啟航了。

但許多窮人借著理智的名義，很快就放棄了自己的夢想。他們不敢給自己一個實現夢想的機會，沒有勇氣打破常規，他們習慣自我否定。大部分人都有這樣的潛意識，認為別人能發財致富，自己卻不行！他們甚至幻想任何問題都會神奇的自行解決，最終不會再受到經濟問題的困擾。他們期待著奇蹟的降臨：只要老闆願意，他們可能會得到百分之五或百分之十的加薪。如果他們失業，卻仍抱有一絲幻想，有人會以優厚的待遇給他們提供工作。大部分人在缺錢的時候是怎麼做的？有些人去借錢，但這解決不了任何問題；相反，他們會發現自己越陷越深。而另外有些人則在「耐心」的等待著，等待著在時光的流逝中熬乾自己的青春年華。窮人大多沒有靠自己收入增加來滿足自己的需要，相反，他們是控制自己的需要來適應自己的收入。

但事實上，我們應該明白，我們不僅可以，而且必須要提高自己的財富以適應自己的需要，而不是受金錢奴役。要改善你的經濟狀況，要成為富人，你必須有一種迫切的渴望，渴望像富人一樣能獲得財富，這必須成為你生活的全部。許多人在致富的道路上都曾失敗過，但他們的致富心並沒有因為失敗而泯滅，他們矢志不渝、不斷努力、不斷嘗試，最終取得了成功。窮人之所以始終貧窮，是因為他們沒有真正的去努力爭取自己想要的東西，總是痴心妄想等待財富從天而降。痴心妄想是不強烈的、易變的、投機的想法，並不會給你帶來任何具體的行動和收穫。痴心妄想不足以讓你消滅拖延的行為，而真正想要得到某個東西能驅使人們採取行動，不容忍有任何妥協，一定要百分之百的堅信自己行，也能創造財富，這種想法會使你越過障礙。尤其對那些渴望非常富有的人更是如此。

生活會給予你真正想要的財富，但如果你安於目前的現狀，你便永遠擺脫不了眼前的狀況，不相信自己能夠獲取財富改變這一切，沒有人會奇蹟般的出現幫你解決問題，也沒有人會出於好心給你提供一份理想的工作，或者給你一百萬。如果你想要的只是小小的改善，即使你能夠得到一些東西，你能得到的也遠不能夠讓你變得富有，更無緣進入富人的行列。對財富的渴望必須單純而直接，要如餓狼面對鮮肉一樣，在你開始賺錢的時候，這一點至關重要。一個人事業成功的大小同個人這種渴望的強度和持久度成正比。拿破崙曾說過：「凡是我們一直強烈渴望的，我們都能夠得到。」拿破崙非常清楚自己所說的一切。更重要的是，所有富人都擁有堅定的決心和意志力。

社會上，各行各業的成功者都有這個特點，一旦認準了目標，就志在必得。當然，很多人的問題是目標散亂，沒有一個清晰的目標，做事情時，往往心存疑慮，不知是否值得全力以赴。其實我們每個人想成功就是設定目標，然後就是一個抗干擾的過程，說到底成功就是抗干擾的過程。那麼，你首先要為自己找目標，其次還要養成習慣。不斷聚焦、聚焦、再聚焦你的目標。可以不做的事，乾脆不動手。一旦定了要做，就要全力以赴，做好為止。富蘭克林有一句名言：「孤注一擲之後，堡壘和處女都不會堅持太久。」「不可能」三個字，曾經嚇退過一批又一批庸人，但在成功人的眼裡，它只是個玩笑。任何你認為「不可能」，它才「不可能」，你認為「可能」，他就真的「可能」！不可能是想出來的，可能是做出來的。

有一個國王，有一天突然做了一個夢。在夢裡有一位智者對他講，人生只要記住一句話，就可以受益一生。但這個國王醒來後，把這句話給忘了。有一言可以受益一生，有多重要啊！於是他就找來工匠，做了個全世界最大的金佛像。於是向天下人宣布，誰能幫他找回這句話，這個全世界最大的金佛就獎勵給誰。過了很久也沒有人找到。這個國王一直悶悶不樂。終於有一天，有一位大臣說你把金佛給我，國王非常吃驚的問他，你找到了？這位大臣拿著佛像，在佛像上面刻了一句話，交給了國王，揚長而去。國王看了以後恍然大悟。那句話就是：一切都能過得去！

現實生活也是這樣，所有的事情都會過去，過不去的是我們自己內心的那份在乎與不在乎。生活中我們有多少美好的夢想，不是被強盜偷走了，而是我們自己內心太在乎，放不下，自己過不去而已。擁有堅定的信念，別人行，我也行，這是成功的第一個前提。你必須首先相信自己，別人才會相信你。只有這樣，你才有獲得財富的可能。要想成為有錢人，要想會賺錢，首先要有一個堅定的必勝的信念：別人可以致富，我為什麼不可以致富呢？

別自卑，成功是每一個人的權利

自卑是指個體對自己的品質和能力作出過低的評價，或者對自身的智力和能力作出過低的評價，或者對自身的智力和能力表示懷疑而產生的一種複雜的心理體驗，比如焦慮、憂傷、不安、失落、痛苦、內疚、自責、悔恨等。

凡是做不成事情的人，心中都有自卑感。這種人在無心無力做一件有挑戰性的事情時，常用的藉口是：「唉，我能力太差！」這種人無法擺脫自卑的「糾纏」，也根本無法實現自己的理想。而成大事者，首先要做的一項工作就是拒絕與自卑糾纏，一腳把自卑踩得粉碎。我們可以稱之為「戰勝自卑法」。做不到這一點，即使你是神仙，也會終身平庸。有句話說：「天下無人不自卑。無論聖人賢士，富豪王者，抑或貧農寒士，販夫走卒，在孩提時代的潛意識裡，都是充滿自卑感的。」但你若想成大事，就必須戰勝自卑感。一個人自卑的特點是感覺己不如人，低人一等，輕視、懷疑自己的力量和能力，而這正是成大事者最蔑視的！

自卑心理非一日而生，但如果自己努力，是可以走出自卑的。客觀的進行自我評價，透過冷靜的分析，肯定自己的長處，清楚自己的弱點，找出自卑的根源，作出相對的對策。切不可拿自己的短處和別人的長處比，那樣越比越自卑。心理學家羅伯特·安東尼說得好：「你要將自己的每一條優點都列出來，以讚賞的眼光去看它，經常看，最好背下來。透過集中注意力於自己的優點，你將在心理上樹立堅強的信念：你是一個有價值、有能力、與眾不同、必定能夠成功的人。無論什麼時候，只要你做對一件事，就要酬謝自己。」

在日常學習、生活中，我們要多做一些力所能及、把握性較大的事情，不放過任何一個成功的機會，哪怕是極小的事情，多些愉快的情感體驗，從而逐漸強化自己的信心。從性

第十一章

格方面講，具有自卑心理的人性格懦弱、內向、意志比較薄弱。這種人對於別人的誤解與無端責難妥協、忍受。但不等於說內向型的人不具備性格，內向型堅強性格的人不表露自己但有韌性，不熱情奔放但有主見，不強詞奪理但堅持正確意見，所以每個人都可以養成堅強的性格。

有一個高傲的武士，前來拜訪禪宗大師。他本是一個出色且頗具威名的武士，但當他看到大師俊朗的外形，優雅的舉止，猛然自卑起來。他對大師說道：「為什麼我會感到自卑？僅僅在一分鐘前，我還是好好的。但我剛跨進你的院子，便突然自卑起來。以前，我從沒有過這種感覺。我曾經無數次面對死亡，但從沒有感到恐懼，為什麼現在感到有些驚恐了呢？」

大師對他說道：「你耐心的等一下，等這裡所有的人都離開後，我會告訴你答案。」一整天，前來拜訪大師的人都絡繹不絕，武士等得心急如焚。直到晚上，房間裡才空寂起來。武士急切的說道：「現在，你可以回答我了吧？」大師說：「到外面來吧。」這是一個滿月的夜晚，剛剛衝出地平線的月亮發出皎潔的光輝，大師說道：「看看這些樹，這棵樹高入雲端，而它旁邊的這棵，還不及它的一半高，它們在我的窗戶外面已經存在好多年了，從沒有發生過什麼問題。這棵小樹也從沒有對大樹說：『為什麼在你面前我總感到自卑？』一個這麼高，一個這麼矮，為什麼我卻從未聽到抱怨呢？」

武士說道：「因為它們不會比較。」大師回答道：「那麼你就不需要問我了。你已經知道答案了。」其實，自卑的影響也不完全是負面的。適當的自卑有助於你奮力追趕別人，縮短與他人之間的差距；但過度的自卑只會將你引向弱者的深淵。因此，每當自卑心理來襲時，請你保持警惕，正確認識它，然後祛除它。從精神角度看，自卑心理是致富路上的最大障礙，它不僅減弱你的熱情，使你天天生活在擔驚受怕的陰影中，甚至影響到一般的人際交往，使你越來越自卑，越來越敏感，越來越失敗，使周遭的人離你越來越遠，最後成了孤家寡人。

自卑首先表現為羞怯，羞怯是自我對欲望的控制。羞怯心理主要是情緒反應，也有較重的情感成分。羞怯時心跳會加快，呼吸和血液循環也會加快。而人們臉部的微血管多，所以，一旦產生羞怯，臉就會紅；不僅如此，心也亂了，腦子也糊塗了，表現在外部為言語遲緩，詞不達意，心慌意亂，舉止失當。雖然羞怯心理所引起的生理反應是短暫的，反應過後生理功能又恢復正常，對健康沒有任何損害，但這種心理的嚴重後果和反覆出現形成惡性循環，會對人際關係的建立和發展帶來不利的影響。這種心理的產生，有人是遺傳因素使然的原發性羞怯心理，而大多數人是從兒童到長大成人的時期形成的，完全來源於社會經驗，是成長過程中受到環境影響的產物。害羞可以分為三種類型：一是氣質型害羞。這種人生來性格比較內向、沉靜，說話低聲下氣，見到生人就臉紅，甚至常懷有一種膽怯心理。二是認識型害羞。產生的主要原因是過分注意自我，患得患失，生怕自己的言行被人恥笑，說話做事都受別人言行支配。三是挫折型害羞。這種人由於主客觀原因，連遭挫折，變得膽怯怕生，消極被動。

一般人的羞怯都屬於認識型的羞怯，是過分注重「自我」造成的。因為患得患失、怕這怕那，總怕說的做的不正確，會被人恥笑，於是謹小慎微，只有五十分把握的事不敢做、不敢說，不敢冒一點風險，最後落得總讓人支配。怕和別人接觸，怕講話，羞於見人，見人就拘束不自然。這種人在交際中多是失敗者。

自卑就是對自己能力特質作出的偏低的評價。這種心理一旦形成，就會影響人際間的交往。自卑的人往往懷疑自己的知識能力，遇事畏縮，特別在碰到權威、名人、長者、上級時更是如此。這種人缺乏應變開拓能力，不敢表露思想，他們經常想的問題是：我為什麼會這麼倒楣？把大量的時間花在無謂的思索上，而不是找出擺脫煩惱的方法。與人交往時總怕被人拒絕，老覺得人家哪一方面都比自己強，長此以往，社交能力會變得越來越差。

在這個世界上，有許多事情是我們所難以預料的。我們不能控制機遇，卻可以掌握自己；我們無法預知未來，卻可以把握現在；我們不知道自己的生命到底有多長，但我們卻可以安排好現在的生活；我們左右不了變化無常的天氣，卻可以調整自己的心情。每天給自己一個希望，讓自己的心情飛翔。

能賺錢還要會花錢

財富的成長，基本上取決於理財的方法。理財得當，財富便可迅速增加，如果不會理財，則不僅不能增加財富，而且還有可能使自己過去積聚的財富萎縮。

財富像一棵樹，是從一粒小小的種子逐漸長大的，而富人所存的第一個銅板就是種子。在種子長成大樹的過程中，富人會精心的澆水、施肥、治蟲等，這就是富人的理財之道。只播種不培育，種子是難以長成大樹的。因此，及早的播下種子，認真培育樹苗，就會很快讓「錢」樹長大，採摘到豐碩的果實。

財富的增長，很大程度上取決於理財的方法。理財得當，財富便可迅速增加，而如果不會理財，或者理財不當，則不僅不能增加財富，而且還有可能使自己過去積聚的財富萎縮。不少人將富人致富的原因，直接歸納於他們生來富有、他們創業成功、他們比別人聰明、他們比別人努力或者他們比別人幸運。但是，家世、創業、聰明、努力和運氣不能解釋所有致富的原因。我們都熟悉自己生活中的不少有錢人，他們並非出生在有錢人家，也不是什麼大生意人，也不見得很聰明，並且也不是都受過什麼高等教育，但他們卻富了起來。憑什麼呢？憑他們較強的理財能力。

理財專家黃培源研究大量致富者後，得出一個結論：三分之一的有錢人是天生的，三分之一靠創業累積財富，三分之一靠理財致富。他認為，誕生於富裕之家的畢竟是少數，而創業成功的比率也只有百分之七，因此，理財得當是普通百姓致富的最佳途徑。有人認為，理財不過是精打細算而已，最多只是改善一下個人或者家庭的財務狀況，與我們的致富目標相差甚遠。其實這是非常錯誤的想法。理財本身就是一個很好的致富之道，而且利用理財致富是人人可以做到的。你不需要是有錢者、不需要是高收入者、不需要是高學歷者、不需要具備專門的知識與高超的技術、不需要靠運氣，你所需要的只是正確的理財習慣。因此，一個人有沒有錢不重要，收入高低不重要，影響一個人未來財富之多寡，在於有沒有學會理財，有沒有開始理財。這項工作看起來簡單，但做起來並不輕鬆，不過無論如何，都絕對值得你去做！

這是個日新月異、財富充沛的時代，同時也是個強迫理財的時代。在市場經濟體制下，每個人都渴望發財致富，藉以提高自己的生活水準或達到人生的目標。在這關係到未來財富地位的關鍵時代，你不能再對理財漠不關心，或者對投資一無所知。你必須趁早接受正確的理財觀念，不斷提高自己的理財能力，沿著財富成長的路子走下去，才能在追逐財富的過程中贏得勝利。不妨現在就檢視一下自己，你是否養成了較好的理財習慣？是否訂定了明確的投資計畫？是否在沿著追逐財富的正確軌跡前進？這是決定我們能否致富的重要因素。大多數人將資產擺在金融機構而不投資，而一開始投資理財又只想快速致富。結果錢存在銀行發不了財，而從事快速致富的投資反而弄得血本無歸。殊不知，致富要靠理財，理財要靠方法。不敢投資和盲目投資都是理財的大忌。

俗話說：「你不理財，財不理你。」這也正是富人與窮人的區別之一。那麼如何有效利用每一分錢？如何及時把握每一次投資機會？理財的要訣是開源和節流。所謂開源，便是爭取資金收入；所謂節流，便是計畫消費，預算開支。成功的理財可以增加收入，減少不必要的支出，改善個人或家庭的生活水準，從而使你走向富裕。理財致富，是人人都能辦到的，也是人人應該去做的。

那麼，怎樣才算「會理財」呢？以下幾種方法很值得大家嘗試：

第一，投入時間。理財是要花時間的。收集整理資料、核對數據、分析情況、做出財務決定等都需要花時間。而理財界的一個老笑話是，多數人每年花在計畫旅遊的時間多過理財的時間，不投入必要的時間，一定做不好理財工作。

第二，**累積理財知識**。要精打細算，也得知道一些理財知識才行，包括數學、投資、企業規定、稅務等。這方面的內容很多，但其實掌握基本知識就開始有不錯的效果；而且碰到一件學習一件，也很快就能全面掌握。當然，不斷學習是必要的。

第三，簡化生活。許多人不願投入時間精力去理財，是因為覺得很煩。理財本身不太可能變得更有趣，但簡化生活可以讓理財工作比較不煩，能整合的盡量整合，例如只擁有信用卡一張、銀行帳戶一個，另外再挑一家穩當又保險的證券公司開設一個投資帳戶就夠了。

第四，利用工具。能自動化的事情，盡量自動化，例如網路付款甚至自動付款應該多加利用、買一切東西都刷卡可以自動記錄開支。很多金融服務公司都有各種分析、評估、篩選的工具可提供便利，說明客戶節省時間。

第五，養成好的理財習慣。把良好的理財原則養成習慣，不但有助個人財務，還可以節省工作。比如說，我的錢大體上都已經花在刀口上，所以我根本不做預算。

第六，避免花錢的事情。交通意外、生病、離婚、訴訟等事件可能對個人財務造成特別大的衝擊，能避免這些事情其實就是在省錢。所以理財達人甚至都不開快車、保持健康生活習慣、聽老婆的話，而且偷偷的盡量減少與人往來以避免糾紛。

會殺價不丟臉

隨著市場化程度的加深，有些商品價格比實際高的離譜。消費者稍不留神，就會被店家「砍一刀」。所以，掌握科學、可行的殺價之法方能保護自己的利益。殺價是一種態度、一種樂趣。如果你特愛殺價的話，那麼你有成為富翁的潛力，或成為億萬富翁的伴侶（巴菲特就是殺價高手，並且都是千萬上億的砍；其現任妻子也是愛買便宜貨而和巴菲特情投意合，從而嫁給了巴菲特）。所以，我們不要以為自己窮才殺價，殺價跟窮富完全沒有關係。殺價是一種態度，一種生活樂趣。殺價必備心理素養——「厚黑學」。殺價時要「心狠手辣」，臉皮厚，其中「心狠手辣」更重要。無處不殺價、無時不殺價。

誰買東西沒有挨過「刀」？但能就這麼任店家隨意「宰割」嗎？當然不可以，根據許多人的經驗發現，要會殺價，真得「厚臉皮」才行。不要怕店家跟你大動干戈，要知道，你一旦硬起來，他往往就會軟下去。再說，跟顧客吵架，他不是在拆自己的台嗎？殺價就得「厚臉皮」，別覺得砍了半價店家就會去跳樓，沒有的事。他賣出一件商品，高興還來不及呢。只是他不會告訴你，一件商品他真正從你那裡賺了多少。

假冒偽劣的東西，需要你練就「火眼金睛」，一般來說，想要生意長期做下去的人，賣假冒偽劣的他也知道做不長，即使是「名牌」，他也不會向你特別強調那是名牌，因為他心裡清楚，那顯然是假名牌，而且他也知道顧客都不是「吃素的」！這是其一。其二，現在很多商品的情況是：貨真，但價不實。比如入冬前十分熱賣的「發熱衣」，價格動輒數百元，專家們對其進行價值評估，成本也就是一百以內。再檢視一下大小店家，用的也是「打折」、「跳樓」、「買一送一」、「賠本大拍賣」等招數，你就明白這價格是個橡皮筋，在店家手裡任意伸縮。但歸根結柢，還是那句老話：「買的沒有賣的精。」你別以為得了便宜，那貌似便宜的背後，是「溫柔的一刀」。

要學會殺價，就得「狠」一點，但對於某些人來說，殺價還真不是件容易的事，大家都知道：「甭管價多高，攔腰給一刀。」可有的時候，你就是再狠心一點，攔腰砍掉一多半，最後一算還是吃虧。由此看來這句話應該這樣說：「甭管價多高，至少攔腰給一刀。」也有人介紹說，還是去大商店買東西，至少東西實在，品質有保證。可如今不少大商店，也在「引廠進店」，「出租櫃臺」，乃至出現假貨，也並非萬無一失，言無二價。而且，大商店的商品價格往往還會明顯高出市場好多。有一句名言：理論來源於實踐。這句話也可用在殺價上，還是多去實踐中學習吧，自己在購物過程中認真總結、反覆研究「殺價」的學問吧！這裡，先給大家兩招：

第一，開門見山法。「說個你誠心的開價吧！」到攤位前如是開門見山，等於給商販來了個「下馬威」。暗示著賣主「不要在我面前耍花招」。往往會使賣主難以喊出太高的價位。

第二，階梯退讓法：殺價時，不要期望一步到位，立馬成交。所以殺價時，要大開獅口，砍得要狠。誠心買時，則可一步步的升價位，以至雙方都認可後拍板成交。切不可殺價幅度過小，商販一旦出讓，你反倒會陷入「買也不是，走也不是」的窘境。

第三，約「內應」購物法：購物時，事先約上幾位同事前往，彼此假裝不相識。先讓同事做「內應」，對想購的商品來一番貶值，在選購時，再讓「內應」進行一番吹毛求疵。就會大滅了賣主索要高價的自信心，在這種情況下殺價，成功率極高。

第四，佯裝走人法。當你真的相中了某件商品，可殺價時又不能盡如人意時，不妨來個「欲擒故縱」的佯裝走人法。當商販看到你真的離開，自己又認為仍有利可圖時，就往往會降價，喊你回來賣給你。

第五，聲東擊西法。在稱心如意的商品面前，不要喜形於色，而要不動聲色。先讓賣主拿幾樣其他商品，裝作饒有興致的討價還價。

除此之外，你還要掌握好店家的心理特點，具體說來可分為兩點，一是看店家的報價特點。首先是看人報價，對方會根據你的年齡、性別以及對該產品的了解程度等方面進行報價。其次是對你所需的產品報一個比較低的價格，然後遺憾告訴你，正好缺貨，轉型。再次是對一個組合產品，會對其中的一兩個報價很低，以吸引你。再者，一般情況下，報價不會顛倒貴賤。也就是說，A的價格大於B，報價時可能對他們虛報的程度不同，但一般不會出現B大於A的情況。基於這個特點，可以對同類不同等級的商品優劣，進行定性判斷。二是砍到對方的心理承受價位才是會殺價。對方報價一百，你砍到二十算成功嗎？當然不算，因為你的東西可能僅值十元。不管砍去多少，砍到對方的心理承受價位才是真正的殺價高手。砍到對方心理價位的技巧大致分為三個步驟：

第一步：你可能對你所需要的商品完全不了解，沒有關係。這就是第一步要完成的任務。首先，你到第一家，要看他家的貨還比較全，人看上去還比較面善。去和他聊天吧，問你所有想知道的，一般包括該商品的主要有哪幾大類，功能差在哪裡，知名廠商廠商有哪些。主要是對商品的完全了解，他報的價位並不重要，但也可作為將來的參考。這一步你要基本確定你要買的貨的檔次，即基本定型。這一步也可以稱為「討價還價」。

第二步：這一步是很關鍵的。等你覺得你了解的差不多了，那麼換一個店家。直接問你看中的商品的價格，並與第一家的報價相比較，讓對方給出一個最低的賣價。然後，根據你對商品物價的了解，你要還一個非常低的價格，至於要多低才好，要根據該市場的報價習慣，他的地理位置等。總之，要非常低（如果你還價還高了，店家一般也不會表現出來，還會讓你再加點，你應該從他的表情和語氣中，迅速覺察到，並及時離開）。這時，一定要表現出你非常想買這個東西，要說東西還不錯，我看中了，就差在價格上。這時，對方會說最低多少你拿著。你要堅持你剛才還的價，或者稍微上浮，對方可能不賣給你。那麼，恭喜你，你基本知道該商品的店家心理承受價位了。就是店家所報的最低價和你所還的價格之間的某個值，至於更接近哪個，或取平均，這根據經驗判斷。

第三步：換一家，直接告訴他你所判定的心理承受價位，告訴他你已經了解很多了，不會少給錢。拿貨，走人。這一步，所花的時間最短。恭喜你成功了。

電子書購買

他很幸福，你卻只會羨慕：哲學家用十二堂課，告訴你原來幸福是可以練習的 / 章含，羅芬芬著. -- 第一版. -- 臺北市：崧燁文化事業有限公司，2021.07
面；　公分
POD 版
ISBN 978-986-516-621-2(平裝)
1. 人生哲學 2. 生活指導
191.9　　110004732

他很幸福，你卻只會羨慕：哲學家用十二堂課，告訴你原來幸福是可以練習的

臉書

作　　者：章含，羅芬芬
發 行 人：黃振庭
出 版 者：崧燁文化事業有限公司
發 行 者：崧燁文化事業有限公司
E-mail：sonbookservice@gmail.com
粉 絲 頁：https://www.facebook.com/sonbookss/
網　　址：https://sonbook.net/
地　　址：台北市中正區重慶南路一段六十一號八樓 815 室
Rm. 815, 8F., No.61, Sec. 1, Chongqing S. Rd., Zhongzheng Dist., Taipei City 100, Taiwan (R.O.C)
電　　話：(02)2370-3310　　傳　　真：(02) 2388-1990
印　　刷：京峯彩色印刷有限公司（京峰數位）

定　　價：360 元
發行日期：2021 年 07 月第一版
◎本書以 POD 印製